Marcus X. Schmid

111 Orte in der Bretagne, die man gesehen haben muss

111

emons:

Die Deutsche Nationalbibliothek verzeichnet diese Publikation in der Deutschen Nationalbibliografie; detaillierte bibliografische Daten sind im Internet über http://dnb.d-nb.de abrufbar.

MIX
Papier | Fördert gute Waldnutzung
FSC® C083411
FSC www.fsc.org

Layout: Eva Kraskes, nach einem Konzept
von Lübbeke | Naumann | Thoben
Kartografie: altancicek.design, www.altancicek.de
Kartenbasisinformationen aus Openstreetmap,
© OpenStreetMap-Mitwirkende, ODbL
Druck und Bindung: CPI – Clausen & Bosse, Leck
Printed in Germany 2024
Erstausgabe 2019
ISBN 978-3-7408-2262-0
Aktualisierte Neuauflage April 2024

Vorwort

Im Entree eines kleinen bretonischen Hotels las ich, dass die Bretagne sehr schön sei und zudem gar nicht so weit von Frankreich entfernt liege. Der wunderliche Satz stammt von Coluche, der damit den Nagel auf den Kopf traf. Natürlich liegt die Bretagne in Frankreich, doch ist sie anders als Frankreich. In Paris gelten die Bretonen als Querköpfe, aber die nehmen das so gelassen hin wie andere Vorurteile auch, zum Beispiel, dass es in der Bretagne dauernd regne. »Es regnet nur auf Idioten«, sagt der Bretone darauf – und verschwindet in der nächsten Bar.

Die Bretonen sind stolz auf ihre Eigenheiten, sie haben ihre eigene Sprache, ihre eigene Musik und ihre eigenen Heiligen – 999 sollen es sein –, die dem keltischen Druidenspuk ein Ende setzten und das Land so erfolgreich christianisierten, dass es heute als katholischer gilt als das katholische Frankreich. Die Bretagne kannte in ihrer Geschichte Bauernrevolten gegen Könige und Staatspräsidenten, heute revoltieren immer mehr Bauern gegen Pestizide und praktizieren biologischen Anbau.

Aus Granit wurden vor Jahrtausenden Menhire gehauen, später meißelten bretonische Steinmetze Calvaires mit Dutzenden von Figuren aus grauem Granit. Bunter ist die Welt in den Bildern von Gauguin, der seinen Schülern im Liebeswäldchen von Pont-Aven die Verwendung kräftiger Farbtöne empfahl. Farbig sind auch die »Niniches« genannten Schleckstängel aus Quiberon, und noch farbiger ist das aberwitzige Universum von Robert Coudray in Lizio. Farbig sollen auch die 111 Geschichten in diesem Buch sein, selbst da, wo ihr Gegenstand der graue Granit ist.

Mit jeder Reise zeigt mir die Bretagne neue Facetten, die mein Bild von dieser Region, die knapp hinter Frankreich liegt, verändern. Mein besonderer Dank gilt der Fotografin Monika Steineberg, die mich, ohne die Nerven zu verlieren, auf meinen Abwegen begleitet und meine Entdeckungen in ihren Bildern festgehalten hat.

111 Orte

1 Das Cadoudal-Mausoleum

»Vive le roi!« – und Kopf ab

»Georges Cadoudal wird hier im Weiler Kerléano am 1. Januar 1771 in eine wohlhabende Bauernfamilie hineingeboren. Nachdem er sich anfänglich den revolutionären Ideen angeschlossen hat, wechselt er auf die Seite der Chouannerie. Er übernimmt die Führung der königlich-katholischen Armee der Bretagne. Nach dem Versuch eines Komplotts gegen Napoleon wird er verhaftet und 1804 in Paris guillotiniert.«

Die Informationstafel vor Ort fasst das bewegte Leben von Georges Cadoudal auf dreieinhalb Zeilen zusammen. Der unermüdliche Kämpfer für die Monarchie gab seinen Kopf nicht so leicht her. Er war an zahlreichen Schlachten und Scharmützeln beteiligt, die sich die königstreuen »Chouans« mit den Revolutionären lieferten. Als die monarchistische Sache praktisch schon verloren war, versuchte Napoleon, den Kämpfer, der allein durch seine stattliche Größe auffiel, als Brigadegeneral für seine Armee zu gewinnen. Doch Cadoudal schimpfte nur: »Seine Macht macht ihn besoffen … dieser kleine Mann, den ich zwischen meinen Armen hätte erdrücken können.« Er entzieht sich nach London. Dort organisiert er ein Komplott mit dem Ziel, Bonaparte zu beseitigen, und fährt nach Paris zurück. Die allgegenwärtigen Geheimagenten Fouchés decken die Verschwörung jedoch auf, Cadoudal landet unter der Guillotine. Er schreit noch drei Mal »Vive le roi!«, dann fällt sein Kopf.

1814 kaufte Joseph Cadoudal einem Pariser Chirurgen das mit Drähten zusammengehaltene Skelett seines Bruders ab, das offenbar als Anschauungsmaterial für Studenten diente. Es wanderte durch einige Kirchen und Kapellen, bis es im erst 1853 fertiggestellten Mausoleum unter einer schweren Platte bestattet wurde. Dass Georges Cadoudal tatsächlich hier liegt, bestätigte der Vizebürgermeister von Auray, der bei einer Renovierung des Mausoleums 1991 die Gelegenheit bekam, unter die Platte zu schauen: Er sah ein verdrahtetes Skelett.

Adresse 4, Allée du Mausolée, 56400 Auray | **Anfahrt** knapp 20 Kilometer westlich von Vannes, Mausoleum im Süden des Orts, über die N 165, Ausfahrt 33 erreichbar | **Tipp** Acht Kilometer nördlich von Auray liegt die Basilika von Sainte-Anne-d'Auray – ein großer Wallfahrtsort.

2 Der Große Leuchtturm

Optimale Linse und optimale Aussicht

Warum hat der Schatten keinen scharfen Umriss? Was passiert, wenn das Licht im Prisma gebrochen wird? Welche Natur hat das Licht überhaupt, wie setzt es sich fort, als gradliniger Strahl oder wellenförmig? Solche Fragen beschäftigten den Physiker und Ingenieur Augustin Fresnel (1788–1827). Er war ein Verfechter der sogenannten Wellentheorie, entwickelte sie weiter und machte auf ihrer Grundlage seine bahnbrechende Erfindung, die nach ihm benannte »Fresnel-Linse«. Ihr Prinzip ist die Aufteilung der Linse in mehrere Oberflächen, was ihr Gewicht verringert, ohne dass das Licht an Stärke einbüßt, eine Art gerippte Linse, wie sie heute für Frontscheinwerfer bei Automobilen verwendet wird.

Fresnel hatte seine Erfindung zum ersten Mal 1823 beim ältesten Leuchtturm Frankreichs, dem Leuchtturm von Cordouan an der Gironde-Mündung, praktisch angewandt. Als er 1826 mit dem Konzept des Leuchtturms von Goulphar auf Belle-Île betraut wurde, setzte er auch hier anstelle des bisher üblichen Parabolspiegels seine Linse ein. Um ihre regelmäßige Rotation zu gewährleisten, musste der Leuchtturmwärter mittels einer Handkurbel mehrmals in der Nacht ein gusseisernes Gegengewicht hochziehen, das im Zentrum der Wendeltreppe hing. Nach 20 Minuten mühsamer Kurbelei hing das Gewicht wieder oben.

Für den »Grand Phare«, wie der Leuchtturm von Goulphar auch genannt wird, wurde der anstrengende Job eines Leuchtturmwärters gleich doppelt besetzt. Während der eine der beiden Wärter kurbelte oder sich um das Leuchtfeuer kümmerte, durfte sich der andere im »lit-clos« ausruhen, einem Schrankbett in einer winzigen Kammer des Leuchtturms. Diese kann unterwegs besichtigen, wer sich nicht scheut, die 247 Stufen bis zur Plattform in 43 Metern Höhe hochzusteigen. Die Mühe des Aufstiegs wird mit einer Aussicht über die spektakulären Felsklippen der Côte Sauvage belohnt – atemberaubend.

Adresse Kervilahouen, 56360 Bangor | Anfahrt von Quiberon mit der Fähre nach Le Palais, für die 8 Kilometer bis zum Leuchtturm am besten am Hafen ein Fahrrad mieten | Öffnungszeiten Mitte Mai – Juni, Sept. Di – So 11.30 – 13 und 14 – 18 Uhr, Juli, Aug. täglich 11 – 13 und 14 – 18 Uhr, Okt. Mi, Fr, Sa 13 – 17 Uhr | Tipp Zwölf Kilometer entfernt liegt die Apothekergrotte, die spektakulärste Felsformation der Côte Sauvage.

3 Die Kapelle Saint-Mathieu

Ein unschuldiges, in Verruf geratenes Ornament

Das Triskel, eine Form von drei radialsymmetrisch angeordneten Spiralen, ist ein uraltes keltisches Symbol, das als glücksbringender Anhänger in jedem bretonischen Souvenirladen verkauft wird. Oft findet man das Triskel in Fenstern von Kirchen und Kapellen. Selten hingegen ist das Quadriskel, gleichsam das vierblättrige Kleeblatt unter den dreiblättrigen. Im 20. Jahrhundert ist es zudem in Verruf geraten. In der Bretagne wurde es von der Bretonischen Nationalen Partei verwendet, deren antifranzösische Gesinnung schnurstracks in die Kollaboration mit Nazideutschland mündete. Und schließlich wird das Hakenkreuz der Nazis oft als stilisierte Form des Quadriskels angesehen, was natürlich Unsinn ist. Das Hakenkreuz als Symbol ist in zahlreichen frühen Kulturen auf Kreta, in Indien und anderswo auf der Welt bekannt, also ein paar tausend Jahre älter als das »Tausendjährige Reich«. Den Nazis steht also nur das Verdienst zu, das Symbol in Misskredit gebracht zu haben.

Für die Rezeptionsgeschichte des Quadriskels im 20. Jahrhundert kann die Kapelle Saint-Mathieu natürlich nichts. Sie stammt aus der ersten Hälfte des 15. Jahrhunderts und zeigt das hübsche Ornament im kleinen Rundfenster der Ostfassade, das etwas Licht in die Sakristei bringt. Generell wird das Quadriskel, das optisch eine Bewegung vortäuscht, als kosmisches Symbol gedeutet: Das menschliche Leben kreist um ein unbewegliches Zentrum.

Eine weitere Besonderheit ist der 2016 restaurierte Calvaire vor der Kapelle. Ein sehr ausgemergelter Christus hängt am Kreuz, früher stand links und rechts je eine weitere Figur, davon zeugen noch die von zwei Engeln gestützten Sockel. Die Säule, die das Kreuz trägt, ist voller Beulen: eine eindeutige Reminiszenz an die große Pest, die im 14. Jahrhundert die bretonische Bevölkerung dezimierte. Die Kapelle selbst ist leider meist geschlossen, aber allein schon ihre idyllische Lage abseits aller menschlichen Siedlungen ist den Ausflug wert.

Adresse Cosqueriou Saint-Mathieu, 29380 Bannalec | Anfahrt circa 20 Kilometer östlich von Quimper, erst auf der D 765 bis Rosporden, dann noch circa 6 Kilometer auf der D 782 | Tipp Im nahen Rosporden ist der Aven zu einem kleinen See aufgestaut, ideal für einen Spaziergang ist die Ostseite.

4 Das Postkartenmuseum

Le Carton Voyageur – die reisende Postkarte

Am 1. Mai 1840 wurde der One Penny Black herausgegeben, der als erste Briefmarke der Welt gilt. Noch im selben Jahr machte der englische Satiriker Theodore Hook die Probe aufs Exempel. Auf eine kolorierte Karte – dargestellt waren zwölf Postbeamte vor einem riesigen Tintenfass – klebte er einen One Penny Black und adressierte diese an sich selbst. Der Postservice funktionierte, die Karte kam beim Absender an. Sie gilt als die älteste Postkarte der Welt.

Der moderne Zeitgenosse zückt sein Smartphone, schießt ein Foto und verschickt es mit einem Text versehen via Postkarten-App an den Adressaten, der am nächsten Morgen den Urlaubsgruß als Ansichtskarte im Briefkasten findet. Zwischen Theodore Hooks Experiment und dem sich abzeichnenden Niedergang der klassischen Postkarte mit Briefmarke liegt eine Sozialgeschichte der postalischen Kommunikation, die »Le Carton Voyageur«, wie sich das Postkartenmuseum von Baud nennt, unter diversen Aspekten dokumentiert. Für die Dauerausstellung »Bretagne recto-verso« wurden rund 500 Exemplare aus der hauseigenen Sammlung von über 120.000 Postkarten verwendet.

Der Weg führt von der illustrierten Karte, bei der auf der Vorderseite der Text einfach über das Bild geschrieben wurde, während die Rückseite gänzlich der Adresse vorbehalten war, bis zur industriell hergestellten Massenware für den Drehständer am Kiosk. Das goldene Zeitalter der Postkarte, meist Stadtansichten und Landschaftsbilder, liegt zwischen 1900 und 1920. Später kommt die private Fotografie auf, die illustrierte Presse, das Telefon – der technische Fortschritt verdrängt die Postkarte. Eine besondere Rolle kommt ihr im Krieg wieder zu. Auf vorgedruckten Standardkarten »Mir geht es gut« oder »Ich bin im Krankenhaus / verwundet / krank« mit der Vorschrift »Nichtzutreffendes streichen, nichts hinzufügen!« durften die Soldaten gerade noch ihre Unterschrift setzen.

LA CARTE POSTALE: UN LABORATOIRE DE STYLE

Adresse 3, Avenue Jean Moulin, 56150 Baud | **Anfahrt** an der D 768 zwischen Pontivy und Auray | **Öffnungszeiten** Di – So 14 – 18 Uhr, Jan. geschlossen | **Tipp** Im einstigen Schlosspark von Quinipily, zwei Kilometer südwestlich von Baud, steht eine geheimnisumwitterte Venus (März, April und Nov., Dez. 11 – 17 Uhr, Mai – Okt. 10 – 19 Uhr).

5 La Cité du Livre

Ein Ort für Bibliophile

Im westukrainischen Czernowitz, bis 1918 östlichste Bastion der Habsburgermonarchie und ein Zentrum der jüdischen Kultur, erinnert heute eine Gedenktafel daran, dass es dort einst mehr Buchhandlungen als Bäckereien gab. Darüber könnte man in Bécherel nur lachen: Das Städtchen mit weniger als 700 Einwohnern zählt 14 Buchhandlungen und nur eine einzige Bäckerei.

Die Bécherellais, wie sich die Bewohner des Städtchens nennen, haben die »Cité du Livre« nicht erfunden, aber ein lokaler Kulturverein spitzte die Ohren, als er erfuhr, was sich im belgischen Dörfchen Redu zutrug. Dort fand 1984 unter freiem Himmel ein viel beachteter Büchermarkt statt, aus dem heraus sich die Idee des »Bücherdorfs Redu« entwickelte. So könnte man doch auch Bécherel aus seinem Dornröschenschlaf holen, dachte der Verein und kopierte mehr oder weniger das belgische Modell. Er organisierte 1988 einen großen Büchermarkt. Es mangelte an Geld, es mangelte an Platz, nicht aber an Begeisterung, einige Einheimische stellten spontan ihr Erdgeschoss zur Verfügung. Der Erfolg war riesig, und 1989 war die »Cité du Livre« geboren. Bald richteten sich die ersten Buchhandlungen und Antiquariate ein, Buchbinder und Kalligrafen folgten, Buchhandlungen für Kinder und solche für Comic-Adepten. Jeweils am ersten Sonntag des Monats findet ein ganztägiger Büchermarkt statt, und zur jährlichen »Fête du Livre« strömen Buchhändler, Schriftsteller und Leser, kurzum Bibliophile aller Schattierungen, in Bécherel zusammen.

Der Spaziergang durch das Städtchen, das wegen seines harmonischen Ortsbilds als »Petite Cité de Caractère« ausgezeichnet wurde, ist kurz, für Bibliophile aber ein Genuss, zumal einige Buchhandlungen auch ein Café eingerichtet haben und Tische auf den Platz stellen. Ein Ort für alle, die gern in Büchern stöbern und lieber Papier rascheln hören, als mit dem Finger über das elektronische Lesegerät zu streichen.

Adresse 35190 Bécherel | Anfahrt von Rennes 25 Kilometer auf der D 137 Richtung Saint-Malo, in Tinténiac auf der D 20 noch 8 Kilometer in westlicher Richtung | Tipp Knapp neun Kilometer östlich von Bécherel liegt die wehrhafte Burg Montmuran (Juli / Aug. 14 – 19 Uhr, Sa geschlossen).

6 Die Kapelle Saint-Cado

Wie zum Teufel kommt die Katze ins Glasfenster?

Teufelsbrücken sind zahlreich in Europa, offenbar ist der Gehörnte ein gefragter Brückenbauer. Ein Grund dafür dürfte sein, dass er es schafft, in einer einzigen Nacht eine Brücke zu bauen, wo Menschen Wochen oder Monate brauchen. Zudem arbeitet der Teufel recht billig. In der Regel begnügt er sich damit, das erste Lebewesen, das seine Brücke überquert, für sein düsteres Reich einzufordern. Doch hat der schnelle Brückenbauer nichts gelernt, er fällt stets wieder auf denselben Trick herein. Im Gotthardmassiv jagten die Urner als erstes Lebewesen einen Ziegenbock über die Teufelsbrücke in der Schöllenenschlucht. Auch der Teufelssteg über den Tuxerbach in Finkenberg im Zillertal kostete die Einheimischen nur eine Ziege. In der Bretagne, wo Ziegen eher rar sind, tut's auch eine Katze. So jedenfalls dachte der heilige Cado, der seine Insel mit dem Festland bei Belz verbinden wollte und mit dem Teufel das bekannte Geschäft abschloss. Als die Brücke fertiggestellt war, ließ Cado eine Katze als erste Fußgängerin hinüberlaufen. Satan hatte das Nachsehen – wieder keine menschliche Seele.

Der heilige Cado stammt aus Wales, wo im 6. Jahrhundert die Christen von den heidnischen Angelsachsen vertrieben wurden. In die Bretagne geflohen, machte sich Cado daran, die Kelten zum rechten Glauben zu bekehren. Auf der Insel bei Belz gründete er eine Einsiedelei, an deren Stelle heute die Kapelle Saint-Cado steht. Man erreicht sie über die Teufelsbrücke und kommt dabei an einem der bekanntesten Fotomotive der Bretagne vorbei: einem kleinen Haus mit blauen Fensterläden, das fast so groß ist wie das Inselchen, auf dem es steht.

In der recht uneinheitlich ausgestatteten Kapelle prangt im Chor ein farbenfrohes Fenster aus dem Jahr 1960. Zu Füßen des heiligen Cado entdeckt man – fast wie in einem Vexierbild – eine grünblaue Katze, die über einen gelben Steg läuft, und daneben den Gehörnten.

Adresse Île Saint-Cado, 56550 Belz | Anfahrt auf halbem Weg zwischen Lorient und Carnac, Abzweig von der D 781 | Tipp Gleich bei der Brücke serviert das Restaurant Les Algues Marines hervorragende Fischgerichte (außerhalb der Saison So–Do abends geschlossen).

7 Der Skulpturenpark

Beton im Gewächshaus und mehr

Eine leicht hügelige Parkanlage aus dem 19. Jahrhundert zieht sich rund um das stattliche Château de Kerguéhennec, das die Brüder Högger, Bankiers aus der Schweiz und bedeutende Financiers am königlichen Hof in Paris, 1710 über dem Ufer der Claie bauen ließen. Die Domäne erfuhr über die Jahrhunderte viele Besitzerwechsel, bevor sie 1972 vom Departement Morbihan aufgekauft wurde. Die Regierung in Vannes kümmerte sich um die Restaurierung des Schlosses und gestaltete gleichzeitig das Gelände zu einem weitläufigen Skulpturenpark um.

Am besten besorgt man sich am oberen Eingang des Parks das Begleitheft mit einem Plan darin, der die rund 30 Skulpturen lokalisiert und kurz beschreibt. Das Schloss ist Ausgangspunkt zweier Rundgänge: Für den Parcours Nord veranschlagt das Begleitheft eineinhalb Stunden, für den Parcours Sud zwei Stunden, die beiden lassen sich problemlos kombinieren.

Viele der Skulpturen sind der Konzeptkunst zuzuordnen, da hilft manchmal eine Kurzbeschreibung des Begleithefts, hinter die Idee des Künstlers zu kommen. Andere Werke nehmen direkt Bezug auf ihren Standort. So hat zum Beispiel Jean-Pierre Raynaud im ehemaligen Gewächshaus 1.000 mit Beton gefüllte, rot angemalte Töpfe aufgestellt. Als Absolvent einer Gartenschule habe er gelernt, dass man Blumen nicht nur pflegen, sondern auch sterben lassen müsse. Mit seinen Betontöpfen wolle er weitere Opfer verhindern. Der Amerikaner Keith Sonnier wiederum stellte drei gewaltige Steinblöcke so zusammen, dass der Besucher sofort an einen Dolmen aus vorgeschichtlichen Zeiten denkt. Sonnier nennt sein Werk »Porte-vue« (»Sicht-Träger«), weil man exakt von dieser Stelle aus die Domäne am besten überblicken könne.

Wer mit zeitgenössischer Kunst nichts am Hut hat, begnügt sich damit, durch das schöne Gelände zu streifen – und bleibt dann doch plötzlich vor einer rätselhaften Skulptur stehen.

Adresse Domaine de Kerguéhennec, 56500 Bignan | Anfahrt von Vannes auf der D 767 nach Locminé, dort rechts in die D 1 abzweigen | Öffnungszeiten 8–21 Uhr | Tipp In der Orangerie des Schlosses ist eine Dauerausstellung des farbenfrohen bretonischen Malers Pierre Tal Coat (1905–1985) zu sehen (geöffnet Dez.–Juni Mi–So 14–18 Uhr, Juli, Aug. täglich 11–13 und 14–19 Uhr).

8 Die Ateliers des Capucins

Wo mit der großen Kelle angerührt wird

Da kann sogar die Hauptstadt Rennes neidisch sein. In Brest, der zweitgrößten Stadt der Bretagne, ist etwas entstanden, das alle Rekorde schlägt: Die Ateliers des Capucins sind laut Behörden mit ihren 35.000 Quadratmetern Fläche »Europas größter gedeckter öffentlicher Raum«, ein »Ort der Kultur und des Lebens«.

Ihren Namen verdanken die Ateliers einem Kapuzinerkloster aus dem Jahr 1695. Dieses wurde 1791 von den französischen Revolutionären konfisziert. Erst entstand auf dem Areal eine Kaserne, ab 1840 wurden in riesigen Hallen Kriegsschiffe gebaut. Nach dem Zweiten Weltkrieg lag Brest zu 90 Prozent in Trümmern, das Marinearsenal wurde wieder aufgebaut, und noch bis 2004 war hier Maschinenlärm zu hören.

Stück für Stück wurde das neue Konzept Realität. 2018 war »Climb Up Brest« fertiggestellt, eine bis zu 17 Meter hohe Halle mit variablen Wänden für Klettersportler und Fahrradakrobaten, ihr angeschlossen eine Oase für Entspannung mit Bar und Sauna. An einladenden Tapasbars vorbei gelangt man zur Mediathek François Mitterrand, einer offenen Architektur mit 6.500 Quadratmetern Fläche auf zwei Etagen. 120.000 Dokumente sind frei einsehbar, 350.000 weitere können auf Anfrage aus dem Depot geholt werden. In Glaskabinen stehen mit Computern ausgerüstete Arbeitsplätze zur Verfügung.

Eine geräumige Ausstellungshalle steht zur Verfügung, und in den fünf Sälen des Kinos finden insgesamt 564 Zuschauer Platz. Dazu kommen Ateliers für Künstler, Startup-Inkubatoren, eine gastronomische Passage und mehr. Nach Jahren der Transformation der alten Schiffbauerateliers in eine riesige Fabrik der Kreativität ist das Megaprojekt nun abgeschlossen. An einem seitlichen Gang sind noch die letzten Mauerreste des alten Klosters auszumachen, bevor man eine Etage höher direkt auf eine Plattform gelangt. Hier starten die eleganten Gondeln, die den Besucher hoch über dem Fluss ins Stadtzentrum am anderen Ufer hinübertragen.

Adresse 25, Rue de Pontaniou, 29200 Brest | **Anfahrt** an der Westküste | **Tipp** Die nahe Rue Saint-Malo überstand den Zweiten Weltkrieg – ein Spaziergang durch ein anderes, heute von der Modernisierung bedrohtes Brest.

9 Der Friedhof Saint-Martin

Nekropole der Notabilität

Der 1794 eröffnete »Cimetière Saint-Martin« ist der älteste unter den Brester Friedhöfen, und was erstaunlich ist: Er hat den Zweiten Weltkrieg, in dem die Stadt zu 90 Prozent zerstört wurde, praktisch unversehrt überstanden. Er liegt wie eine Oase aus vergangenen Zeiten im wieder aufgebauten Zentrum.

Was den Parisern ihr »Père-Lachaise« ist, ist den Brestern der Friedhof Saint-Martin. Hier ist die lokale Notabilität versammelt: Magistraten, Marineoffiziere, Wissenschaftler, Industriebarone, Politiker und wer alles noch zu Ruhm und Wohl der Stadt beigetragen hat. Die Biografien der hier Bestatteten summieren sich zu einem farbigen Buch über die Stadt. Zu den illustren Toten zählt der 1848 in Brest gestorbene Chevalier de Fréminville, Marineoffizier, Archäologe und nebenbei auch Pionier des Transvestitismus, er zeigte sich gern in Frauenkleidern. Auffälliger als sein bescheidenes Grab ist die von einem Baldachin geschützte Marmorbüste des Doktors Laouys du Verger, der 1813 mit einer Schrift über die Vorzüge der Muttermilch bekannt wurde. Ein ungewöhnlicher Grabstein ziert die letzte Ruhestätte der 1875 in Brest geborenen Dramaturgin Marie Lenéru, die als Jugendliche das Gehör verlor und später fast blind war; ihr Tagebuch gilt als frühes Dokument des Feminismus. Aus ihrem kantigen Grabstein wächst eine mit Blumen verzierte Säule.

Im Zentrum steht die ehemalige Friedhofskapelle, die an ein Mausoleum erinnert und heute für die Urnenbestattung verwendet wird. Auch nicht zu übersehen ist ein Obelisk, der alle Gräber überragt: Er ehrt die Brester Bürger, die 1794 ihren Kopf unter der Guillotine verloren.

Der Friedhof ist gepflegt: Bäume und Blumen, akkurat gescherte Zierbäume, aber auch Palmen – und am Ausgang eine Tafel, die garantiert, dass keine Pestizide verwendet werden. Noch einmal gut durchatmen und dann zurück in die Brester Luft mit ihren Autoabgasen.

Adresse Rue Yves Collet, 29200 Brest | Anfahrt an der Westküste, circa 1 Kilometer nördlich des Bahnhofs | Öffnungszeiten 8–18 Uhr | Tipp Eine hervorragende Küche wird im dezenten Interieur des Restaurants Espace Vauban serviert (17, Avenue Clemenceau, So und Mo geschlossen).

10 Die Luftseilbahn

Die Großstadt aus der Vogelperspektive

In einer Höhe von 72 Metern pendeln seit November 2016 »Lewin« und »Charlotte« über den Penfeld-Fluss. Die beiden Kabinen für die erste urbane Luftseilbahn Frankreichs wurden von der Schweizer Firma Gangloff entworfen, im Alpenland Schweiz hat man schließlich Erfahrung mit Luftseilbahnen. Maximal 60 Personen haben in den Kabinen Platz, die im Fünf-Minuten-Takt verkehren. Mit einem leisen Schnurren geht die Fahrt los, ein minimales Schaukeln zeigt an, dass man den zentralen Mast passiert, und schon ist man drüben. Für die 420 Meter lange Strecke hat die Seilbahn gerade mal drei Minuten gebraucht.

Die seitlich großzügig verglasten Kabinen sind ein eleganter Kompromiss: Schwindelanfällige spüren gern einen sicheren Boden unter den Füßen, Neugierige wollen etwas sehen. Der Fahrgast muss ja nicht, aber er kann durch ein großes, kreisrundes Glasfenster im Boden auf die in der Penfeld dümpelnden Schiffe hinuntersehen. Aber auch der Blick durch die Seitenfenster ist spektakulär: auf die Recouvrance-Hebebrücke, die Hafenanlagen, den Tanguy-Turm mit Teilen der alten Stadtbefestigung bis hinüber zur Halbinsel Crozon. Wenn das Glas einmal kurz abdunkelt, braucht einen dies weiter nicht zu beunruhigen: Dann ist die »Smartglass«-Technologie in Aktion getreten, die verhindert, dass der Fahrgast in fremde Gärten sehen oder militärische Anlagen ausspionieren kann.

Die anfängliche Skepsis der Brestois dem neuen Transportmittel gegenüber ist längst einer breiten Zustimmung gewichen. Die schicke Luftseilbahn ist ins öffentliche Nahverkehrssystem integriert. Die Fahrkarte kostet 1,70 Euro und ist – inklusive beliebiges Umsteigen in Tram oder Bus – 60 Minuten lang gültig. Die Alternative zum Stau in der Großstadt liegt nicht im teuren Bau einer Metro – nein, sie liegt in der Luft. Und was wäre die Aussicht durch das Fenster einer Metro gegen das großartige Panorama, das Lewin und Charlotte bieten?

Adresse 25, Rue de Pontaniou (Station Atelier), Boulevard Jean Moulin (Station Jean Moulin), 29200 Brest | **Anfahrt** an der Westküste | **Öffnungszeiten** Mo 11–0.30 Uhr, Di–Do 7.30–0.30 Uhr, Fr, Sa 7.30–1 Uhr, So 9–23 Uhr | **Tipp** Beim Schloss, südlich der Station Jean Moulin, beginnt der Cours Dajot, eine Promenade mit Blick auf den Hafen.

11 Der Men Marz

Den christlichen Stempel aufgedrückt

Brignogan-Plages liegt an der Côte des Légendes, Legenden gibt es allerdings überall in der Bretagne. Die Kelten kannten Druiden und Korriganen, wie die kleinen Spukgestalten in den Wäldern genannt werden. Aus England schwappte die Artussage über den Kanal, aus Irland und Wales kamen von dort vertriebene Christen, um den Landstrich zu missionieren. Einige von ihnen findet man im legendären, 999 Personen umfassenden bretonischen Heiligenhimmel, zu ihnen zählt auch Saint-Pol-Aurélien. Man begegnet ihm auf der Ouessant-Insel, in Lampaul, auf der Insel Batz und anderswo. In Begleitung seiner Schwester soll er auch an der Legendenküste aufgetaucht sein. Ebbe und Flut machten ihm hier zu schaffen, und so setzte er einen Punkt fest, den zu überschreiten er dem Meer verbot. Seine Schwester schlug an der Stelle einen Stein in den Boden, den Men Marz.

Der Menhir stand natürlich schon da, als der heilige Pol vorbeikam, er wird auf 4500 bis 2500 vor Christus datiert. Die Kräfte von Pols Schwester in Ehren, aber der Koloss ist 80 Tonnen schwer. Zudem wurde er nicht wie andere Menhire in den Boden gerammt oder eingegraben, sondern einfach hingestellt. Wann die Christen dem über acht Meter hohen Men Marz ihr steinernes Kreuz aufsetzten, um ihren Sieg über die heidnischen Kelten zu markieren, ist nicht bekannt. Zur Sicherheit – ein Sturm könnte ja das christliche Symbol hinwegfegen – wurde ein zweites Kreuz auf ungefähr eineinhalb Meter Höhe in den Granit gemeißelt.

Eine andere Geschichte erzählen die Steinchen weit oben in einer Mulde des Menhirs. Zahlreiche junge Mädchen haben sich schon im Steinewerfen versucht: Bleibt der Stein oben, so darf die Werferin sicher sein, noch im selben Jahr den Mann fürs Leben zu finden. Wenn der Stein partout nicht oben bleiben will: Eine zweite Mulde, wesentlich weiter unten, erhöht die Chancen – allerdings ohne Versprechen auf den Traumprinzen.

Adresse Rue du Menhir, 29890 Brignogan-Plages | **Anfahrt** an der Nordküste, knapp 40 Kilometer westlich von Roscoff | **Tipp** Fünf Kilometer westlich von Brignogan-Plages liegt Meneham, ein restauriertes ehemaliges Fischer- und Algenbauerndorf.

12 Die Austernwäscherinnen

Eine Hommage an die harte Frauenarbeit

Cancale ist die Austernhauptstadt der Bretagne. Wenn es um die flache Auster, die »huître plate«, geht, die »gesät« und dann auf dem Meeresgrund geerntet wird, ist Cancale mit einem Anteil von 90 Prozent an der nationalen Produktion sogar die Austernhauptstadt Frankreichs. Ein paar dutzend Betriebe sind in der Bucht von Saint-Michel zugange, einige unterhalten am Hafen von Cancale ein eigenes Restaurant.

Heute kommt auch in Cancale meist die hohle Auster, die »huître creuse«, auf den Tisch, die in einem mehrstufigen Verfahren auf den Austernbänken gezüchtet wird. Früher hingegen fuhren die Männer mit Segelbooten in die Bucht hinaus, um die Delikatessen am Boden abzufischen, und blieben meist für mehrere Tage auf See.

Fischerei und Austernzucht sind Männerarbeit. Wer schon einmal die zerschnittenen Hände eines Austernzüchters gesehen hat, weiß, dass es eine harte Arbeit ist. Der bronzene »Brunnen der Austernwäscherinnen«, der auf dem Platz vor der Kirche wegen der vielen Autos nur ungenügend zur Geltung kommt, setzt einen kräftigen Kontrapunkt: Auch die Arbeit der Frauen war kein Zuckerschlecken. Bis zur Einführung der mechanischen Austernreinigung im 20. Jahrhundert war das Waschen der Austern Frauensache: bücken, die Körbe durch das kalte Wasser ziehen, hochheben, das Wasser durchlaufen lassen, das Ganze nochmals und nochmals, bis der Sand weggespült war. Der in Nantes geborene Bildhauer Jean Fréour (1919–2010), der den schönen Brunnen im Alter von 80 Jahren schuf, dürfte in seiner Jugend noch Austernwäscherinnen gesehen haben. Er galt als genauer Beobachter und modellierte mit Vorliebe Frauenkörper. Picasso schätzte seine Arbeiten, ein Kritiker verglich ihn sogar mit Rodin. Das ist vielleicht etwas hoch gegriffen. Ein beachtliches Werk aber ist der Brunnen allemal. Zu Standbildern gegossene männliche Helden gibt es schließlich genug, auch in der Bretagne.

Adresse Place de la République, 35260 Cancale | **Anfahrt** an der Nordküste, 15 Kilometer östlich von Saint-Malo | **Tipp** Austern direkt ab Erzeuger gibt's am östlichen Ende der Hafenpromenade beim Leuchtturm.

13 Das Tal der Heiligen

Warum die schöne Eodez sich an den Kopf fasst

Im 6. Jahrhundert setzte der irische Mönch Colomban in Saint-Malo seinen Fuß auf das bretonische Festland, um den Kelten das Evangelium zu bringen. Der bretonische Bildhauer Patrice Le Guen modellierte 2005 den Fuß des Heiligen aus rosa Granit: sechs Meter lang und zehn Tonnen schwer. Er steht heute am Eingang des »Vallée des Saints« (Tal der Heiligen) und symbolisiert den ersten Schritt zu einem gigantischen Projekt, das 2009 begonnen hat und dessen Fertigstellung noch Jahrzehnte in Anspruch nehmen dürfte. Auf dem ausgedehnten Wiesengelände treffen sich die Heiligen der Bretagne, jährlich stoßen ein paar neue dazu.

Bisher waren 26 Bildhauer und 3 Bildhauerinnen am Projekt beteiligt, 2023 wurde mit dem heiligen Gorgonius, einem römischen Märtyrer des 4. Jahrhunderts, die 184. Statue eingeweiht. 999 Heilige zählt man in der Bretagne, bald ein Fünftel steht also schon da. Kein bretonischer Heiliger, keine bretonische Heilige ohne Legende, und auch diese will dargestellt sein. Die heilige Eodez, zu deren Füßen man ein Schaf sieht, war eine bildhübsche Schäferin, ihren Kopf hält sie mit beiden Händen fest, schließlich wurde er ihr schon einmal abgeschlagen. Solches erfährt der Besucher aus einem schön gemachten Katalog, der nicht nur jede einzelne Statue erklärt, sondern auch einen nützlichen Lageplan bereithält; ohne ihn irrt man etwas verloren zwischen all den Heiligen herum.

Sämtliche Statuen sind aus bretonischem Granit, der – vergleichbar einer guten Flasche Wein – seit 2017 eine geschützte geografische Herkunftsbezeichnung hat. Die Kosten für eine Statue, egal, ob aus dem berühmten rosa Granit von Perros-Guirec oder dem hellgrauem Granit aus Huelgoat, werden mit 15.000 – 20.000 Euro veranschlagt. Viele Heilige haben ihren Mäzen schon gefunden, bei zukünftigen ist die Finanzierung noch nicht gesichert. Eine Crowdfunding-Kampagne ist unter www.lavalleedessaints.com zu finden: Unterstützen Sie den Heiligen Ihrer Wahl!

Adresse Quénéquillec, 22160 Carnoët | Anfahrt knapp 15 Kilometer nördlich von Carhaix-Plouguer, 40 Kilometer südöstlich von Morlaix, über die D 785 und die D 764 erreichbar | Tipp Der zehnminütige Spaziergang zur Kapelle Saint-Gildas, die idyllisch auf einer Wiese steht, lohnt sich.

14 Die Pfarrkirche

Farbenfrohes von Nabi Sérusier

Die Bronzebüste vor der Kirche zeigt einen Mann mit starrem Blick und wallendem Bart, darunter die Inschrift »Paul Sérusier, Peintre Nabi (1864–1927)«. Der in Paris geborene Maler, der 1888 in Pont-Aven auf Paul Gauguin stieß und dessen Schüler wurde, war die treibende Kraft der »Nabis«. Der Name der Künstlergruppe leitet sich vom hebräischen Wort für »Prophet« ab, die Nabis werden heute zu den postimpressionistischen Strömungen gezählt.

Sérusier reiste zwar viel – nach Paris, München, Prag, Florenz –, kam aber stets wieder in die Bretagne zurück, ab 1893 vornehmlich nach Châteauneuf-du-Faou. Hier baute er sich schließlich ein Haus, das er zusammen mit seiner Frau Marguerite Gabriel-Claude, ihrerseits Malerin, bewohnte. Es war Marguerite, die ihren zögernden Paul dazu aufforderte, sich um die malerische Ausstattung der Pfarrkirche zu bewerben.

Ein erster Vorschlag des Malers wurde 1904 vom Kirchenvorstand abgelehnt, vermutlich aus finanziellen Gründen. Zehn Jahre später nimmt Sérusier die Arbeit erneut auf, drei der sechs erhaltenen Gemälde, die im Baptisterium der Kirche zu sehen sind, stammen aus dieser zweiten Zeit. Der Einfluss Gauguins – großflächiges Malen und kräftige Farbgebung – ist unverkennbar. Der grüne Vorhang, eine dekorative Zugabe, passt eher zum Stil der Nabis. Vielleicht hat auch Marguerite ein Wort mitgeredet, die als Meisterin der dekorativen Malerei galt. Sérusier arbeitete mit Eitempera auf Gips, einer Emulsion, die feuchtigkeitsanfälliger ist als die Freskenmalerei. Die Bilder mussten bereits mehrfach aufgefrischt werden.

Gemälde von Sérusier findet man heute in Paris, anderen europäischen Städten und in jedem größeren bretonischen Kunstmuseum. 2025 will die Gemeinde Châteauneuf-du-Faou das seit Jahren angekündigte »Musée Sérusier« eröffnen. Dann wird man sehen, was sie bislang in sicherer Verwahrung hält: Sie ist im Besitz von rund 200 Werken des Künstlers.

Adresse Place de l'Église, 29520 Châteauneuf-du-Faou | Anfahrt knapp 40 Kilometer nordöstlich von Quimper, über die N 165 bis Briec, dann weiter auf der D 72 | Tipp Gleich bei der Kirche ums Eck, an der Rue Corentin Baron, liegt der unterirdische Brunnen Saint-Jean-Baptiste aus dem 14./15. Jahrhundert mit einer Statue des Täufers.

15 Der Brunnen Saint-Mathieu

Quellheiligtum im Abseits

Die Pointe du Van gilt als kleine Schwester der Pointe du Raz, von der sie nur durch die Trépassés-Bucht getrennt ist. Sie ist nicht so schroff wie die Pointe du Raz, nicht so berühmt wie diese, dafür aber auch nicht so überlaufen. Für kürzere Spaziergänge eignet sie sich besser als ihre große Konkurrentin, zumal man hier mehr Ruhe hat. Zahlreiche Wege führen durch das mit Blumen übersäte Heideland, die Aussicht an der Spitze reicht von der Île de Sein im Westen bis zum Leuchtturm von Saint-Mathieu im Norden.

Die dezent umfriedete Kapelle Saint-They in der Nähe des Parkplatzes ist meist geschlossen. Den früheren Calvaire ersetzt eine Stele, auf der – Rücken an Rücken – Maria und Jakobus zu sehen sind. Wer von der Kapelle 50 Meter in nordöstlicher Richtung ins Landesinnere geht, stößt auf den Brunnen Saint-Mathieu.

Ein Zusammenhang zwischen der Kapelle und dem Brunnen scheint sicher. Doch wieso der kleine Brunnen 1757 gebaut wurde, ist unklar, zumal die Kapelle bereits seit Jahrzehnten in der Nähe über den größeren, ummauerten Brunnen Saint-They verfügte. Belegt ist einzig, dass es früher auf der Pointe du Van einen Pardon – so heißt die Wallfahrt in der Bretagne – für Saint-Mathieu gab. Er war einer von mehreren Pardons. Heute gibt es nur noch den sogenannten Großen Pardon. Früher nahmen die Pilger anschließend ein Ganzkörperbad – im Brunnen Saint-They. Saint-Mathieu hatte das Nachsehen.

Sicher war auch dieser Brunnen früher gemauert. In den 1960er Jahren wurde er bei der Flurbereinigung zerstört, das kleine Gebäude wurde 1992 wieder aufgebaut. Das Quellwasser wird nicht mehr aufgefangen, es versickert im Grünen. Dem Bild eines Quellheiligtums tut dies keinen Abbruch. Dem Wasser werden therapeutische Qualitäten zugeschrieben, es soll Rheumabeschwerden lindern. Ausprobieren kann man das vor Ort nicht mehr.

Adresse Cap du Van, 29770 Cléden-Cap-Sizun | Anfahrt von Douarnenez die D 7 bis zum Ende fahren | Tipp An der D 7 liegt das Naturreservat von Goulien, das ohne Hunde frei zugänglich ist.

16 L'Amiral

Stammlokal zweier Kriminalkommissare

Als Georges Simenon 1931 mit »Le Chien jaune« (deutscher Titel »Maigret und der gelbe Hund«) seinen vierten von insgesamt 75 Maigret-Romanen publizierte, war L'Amiral noch ein richtiges Hotel, das beste der Stadt, und natürlich steigt der damals schon berühmte Kommissar hier ab. Im Café des Hotels sitzt er vor einem Bier, stopft seine Pfeife, studiert vor allem die Stammgäste und kommt so dem Mörder auf die Spur.

Mehr als 80 Jahre später taucht im Amiral wieder ein Kriminalkommissar auf: Georges Dupin. Er logiert nicht im Haus, denn 2012 ist dieses schon längst kein Hotel mehr, sondern ein exzellentes Lokal für Liebhaber von Fisch und Meeresfrüchten – doch Dupin bestellt stets sein Entrecote mit Pommes frites. Der deutsche Schriftsteller, der unter dem Pseudonym Jean-Luc Bannalec Kommissar Dupin jährlich mit einem neuen Mordfall betraut, ist längst zum Bestsellerautor avanciert. Begeisterte Leser, vor allem aus dem deutschsprachigen Raum, begeben sich auf die Spuren des Polizisten, was dem Amiral heute zusätzliche Gäste beschert. Es wäre nicht verwunderlich, wenn die Tourismusbehörden von Concarneau dereinst einen »Circuit Commissaire Dupin« initiieren würden. Immerhin findet seit 1993 in der Stadt unter dem Namen »Le Chien jaune« jährlich ein Festival des Kriminalromans statt.

Wer gern gut isst, ist im Amiral gut aufgehoben, das Restaurant wurde für seine Küche mit einem Michelin-Stern ausgezeichnet. Auch Jean-Luc Bannalec weiß gastronomische Qualität zu schätzen. Zusammen mit dem Chefkoch Arnaud Lebossé und dessen Frau Catherine hat der Krimi-Autor einen Bestseller ganz anderer Art geschrieben: »Bretonisches Kochbuch. Kommissar Dupins Lieblingsgerichte«. Bleibt zu hoffen, dass auch Bannalecs beliebter Kommissar dereinst darin blättert und dann – statt schon wieder Entrecote und Pommes frites zu bestellen – im Amiral auf eine kulinarische Entdeckungsreise geht.

Adresse 1, Avenue Pierre Guéguin, 29900 Concarneau | Anfahrt an der Küste, circa 25 Kilometer südöstlich von Quimper | Öffnungszeiten Brasserie Mo geschlossen, Restaurant Do und So abends sowie Mo geschlossen | Tipp Schräg gegenüber lädt die Ville close zu einem Bummel ein.

17 Das Glockenrad

Musikinstrument mit Gebrauchsanweisung

Das Kultobjekt der Ortskirche ist mittlerweile so bekannt, dass sich die benachbarte Bar »Le Carillon« (Das Glockengeläute) nennt. Im linken Transept ist unter den bemalten Schnitzereien der Holzbalken, die die Kirchenwand abschließen, ein Glockenrad zu sehen. Sein Durchmesser beträgt 1,75 Meter, an seiner Außenseite – dort, wo bei einem Fahrrad der Reifen wäre – sind in regelmäßigen Abständen zwölf Glöckchen montiert. Setzt man das Rad in Bewegung, so entsteht ein Glockengeläute, eher dissonant als harmonisch, da die zwölf verschiedenen Töne nicht oder nicht mehr aufeinander abgestimmt sind.

Glockenräder findet man noch anderswo in der Bretagne, im übrigen Frankreich und in Europa. Sie sind jedoch selten geworden, was mit dazu beitrug, dass allerhand Spekulationen über sie aufkamen. Einige sahen in der Radform symbolische Anleihen an einen vorchristlichen Sonnengott, andere glaubten, aus der Musik die Zukunft lesen beziehungsweise hören zu können. In Confort-Meilars sollen früher bei Wallfahrten Mütter ihre stummen Kinder dem Geläut ausgesetzt haben, in der Hoffnung, diese begännen plötzlich zu sprechen. Der bretonische Volksmund spricht von »Glücksrädern«, ohne zu verraten, wie man das Glück herbeiklingelt. Ganz verwegene Interpreten sehen eine Verwandtschaft mit buddhistischen Kultobjekten oder tibetanischen Gebetsrasseln.

Die wahrscheinlich richtige Erklärung ist banaler. Das Glockenrad kam vermutlich bei Taufen und Hochzeiten zum Einsatz oder auch während der Liturgie, bei einem Tedeum etwa, sei es, um auf einen wichtigen Moment des Gottesdienstes hinzuweisen oder auch nur, um Kirchgänger aus dem Schlaf hochzuschrecken.

Unter dem Glockenrad ist die Gebrauchsanweisung angeschlagen: Kette lösen, sich in den am Boden markierten Kreis stellen, erst behutsam an der Kette ziehen, dann stärker, Kette einhängen und zuhören. Versuchen Sie's!

Adresse 10, Rue Pen Ar Bed, 29790 Confort-Meilars | Anfahrt auf der Halbinsel Sizun, auf halbem Weg zwischen Douarnenez und Audierne | Öffnungszeiten täglich 9–17 Uhr | Tipp Die Kirche Notre-Dame des fünf Kilometer entfernten Orts Pont-Croix ist außen wie innen sehenswert.

18 Der Brunnen

Wo Restauration nottut

Da hilft auch der Segen des freundlichen Mannes im Bischofsornat nichts. Dem Wasser mangelt es eindeutig an Sauerstoff, ein giftgrüner Teppich hat sich gebildet. Der Abfluss liege höher als die Zulaufröhre, behauptet ein Einheimischer und erklärt im Detail, was alles zu tun wäre. Aber der Brunnen stehe unter Denkmalschutz, und keiner würde sich trauen, Hand an ihn zu legen.

Der von einem Kapellchen gegen alle Unwetter geschützte Bischof am Kopf des Brunnens ist Saint-Brieuc, einer der sieben Gründerheiligen, wie die Hauptheiligen des 999-köpfigen bretonischen Heiligenhimmels genannt werden. Brieuc wanderte im 5. Jahrhundert aus Wales ein, missionierte ein bisschen überall in der Bretagne und vollbrachte nebenbei auch einige Wunder. So soll er nur seine Hand gehoben haben, und ein wildes Wolfrudel, das sich ihm in den Weg stellte, benahm sich so zahm wie ein paar Schäfchen. In Darstellungen wird dem heiligen Brieuc aufgrund dieser Legende oft ein Wolf zur Seite gestellt. In Cruguel fehlt er, vielleicht ist er aber auch nur unter dem grünen Teppich versteckt.

Dass der hübsche Brunnen aus dem 17./18. Jahrhundert noch heute als Waschbrunnen benutzt wird, wie die Internetseite der Gemeinde behauptet, ist angesichts der grünen Schicht eher romantische Propaganda. Statt derlei zu verbreiten, sollte die Gemeinde sich besser um den Wasserlauf von der Quelle bis zum Abfluss und die Restaurierung des Juwels kümmern. Auch die schöne Bemalung des steinernen Brunnenpatrons verdient eine Auffrischung. In eine Renovierung könnte man auch gleich das Pfarrhaus am Platz miteinbeziehen, das die Gemeinde aufgekauft hat, um hier eine Mediathek einzurichten, und vielleicht noch das Haus gegenüber, in dem zu Napoleons Zeiten die »Gendarmerie Impériale« untergebracht war. Die Besucher stünden dann auf einem wunderschönen Dorfplatz mit einem Calvaire, und der idyllische Brunnen nähme sich wie ein altes Quellheiligtum aus.

Adresse 12–13, Rue du Souvenir, 56420 Cruguel | Anfahrt 35 Kilometer nördlich von Vannes, erst auf der D 767, dann auf der D 778 bis Guéhenno, von dort ausgeschildert | Tipp Knapp fünf Kilometer westlich liegt Guéhenno mit einem sehenswerten umfriedeten Pfarrbezirk.

19 Die Hitchcock-Statue

Weniger Bauch, aber mehr Gewicht

Sir Alfred Hitchcock hätte sich beim Anblick seines Doubles vermutlich doppelt gefreut. Englands berühmtester Filmregisseur liebte schließlich den Cameo-Auftritt: Das schnelle Auftauchen in den eigenen Filmen gehört zu seinen Markenzeichen. Zudem hat der Bildhauer Lionel Ducos den korpulenten Mann eindeutig verschlankt. Mit 380 Kilogramm ist die über fünf Meter hohe Figur aber auch so noch schwer genug.

Hitchcock, der entgegen lokalen Gerüchten nie in Dinard war, repräsentiert am Renommierstrand der Stadt das jährlich stattfindende »Festival du Film Britannique«, das seit 2018 »Dinard Film Festival« heißt, ohne dass sich inhaltlich etwas geändert hätte. Das 1990 gegründete Festival ist nach wie vor ausschließlich dem englischen Film gewidmet, und dessen würdigster Vertreter ist der Meister des Suspense.

Die Statue hat einen Vorgänger, doch fiel der nur halb so große, in Harz gegossene Hitchcock einem Sturm zum Opfer. Der anlässlich der 20. Ausgabe des Festivals 2009 eingeweihte Bronze-Hitchcock ist stabiler. Angst zeigt der Mann jedenfalls nicht. Die Vögel, die auf den berühmten Horrorfilm anspielen, eine Möwe auf der einen Schulter, eine Krähe auf der anderen, scheint er domestiziert zu haben. Selbst wenn eine Möwe aus Fleisch und Blut auf seinen Kopf kotet, nimmt er es mit stoischer Ruhe hin.

Zu einem Filmfestival gehört eine Jury, die Preise verleiht. In Dinard wird der am besten bewertete Film mit dem Goldenen Hitchcock ausgezeichnet, einer Figur, die bis 2013 in leicht veränderter Form eine Miniaturausgabe der Statue war. Dann entschieden sich die Organisatoren für eine abstraktere Gestalt. Die Beine des neuen Goldenen Hitchcock sind zu einer Flosse geworden, die Arme mit dem Körper verwachsen, das Gesicht nur angedeutet, die Vögel davongeflogen – einzig der dicke Bauch erinnert noch an das Vorbild. Der »Hitch« am Strand ist uns lieber.

Adresse Promenade des Alliés, 35800 Dinard | Anfahrt an der Nordküste, bei Saint-Malo die Rance-Mündung überqueren | Tipp Spazieren Sie an der Promenade du Clair de Lune, zehn Minuten vom Zentrum entfernt. Besonders romantisch ist die Mondscheinpromenade abends.

20 L'Artisan du Temps

Uhren mit Kanone und Uhren mit Wasser

Mit »Handwerker der Zeit« *(artisan du temps)* beschreibt Alain Le Floch nur unzulänglich, was man hier zu sehen bekommt. Wer die Tür zu seinem Reich aufstößt, wird erst auf den Meister treffen, der in seiner alten Werkstatt mit Lupe und berufseigenem Besteck eine alte Uhr repariert oder restauriert. Gelernt hat er das Metier im Schweizer Städtchen Le Locle, einer Hochburg der Uhrmacherei.

Der Mann, der seit bald 50 Jahren seiner Kundschaft die Uhren repariert, hat jedoch weit mehr im Kopf. Er interessiert sich für Uhren aller Art und präsentiert seine mittlerweile rund 300 Raritäten umfassende Sammlung im Hinterzimmer der Werkstatt: Pendulen aus dem Jura, Taschenuhren, Armbanduhren, Spieluhren und verspielte Uhren – eine Reise durch die Geschichte der Zeitmessung. Zu den Kuriositäten des exquisiten Museums gehört eine Sonnenuhr, die die Mittagsstunde akustisch verkündet: Über der horizontalen Stundeneinteilung ist eine kleine Kanone mit Lupe in exakte Position gebracht. Zur Mittagsstunde fällt der Sonnenstrahl durch die Lupe auf die Lunte und bringt das Pulver zur Explosion.

Zu den ältesten Zeitmessern der Menschheit gehört die in den Tempelanlagen von Karnak im Niltal gefundene Klepsydra, eine Wasseruhr aus dem 14. Jahrhundert vor Christus, eine Vase mit einem kleinen Loch im Boden. Die Klepsydra funktioniert im Prinzip wie eine Sanduhr. Der Wasserspiegel sinkt, an den Markierungen der Innenwand wird die abgelaufene Zeit abgelesen. Im Gegensatz zur Sonnenuhr wird mit ihr die Zeit nachts gemessen. Die alten Ägypter kannten drei Jahreszeiten zu je vier Monaten. Jeder Monat bekam eine eigene Markierung, zur Wintersonnenwende musste am meisten Wasser durchlaufen, zur Sommersonnenwende am wenigsten. Das Original der Klepsydra von Karnak ist im Ägyptischen Museum in Kairo zu besichtigen, eine getreue Kopie im Museum des »Handwerkers der Zeit«.

Adresse 37, Rue Nationale, 35300 Fougères | **Anfahrt** 50 Kilometer nordöstlich von Rennes, über die A 84 und die N 12 zu erreichen | **Öffnungszeiten** ganzjährlich Mi–Sa 9–12 und 14–18 Uhr | **Tipp** Der Zugang zum imposanten Schloss von Fougères befindet sich hinter der Brücke über den Nançon (Feb., März, Okt.–Dez. Di–So 10–12.30 und 14–17.30 Uhr, Mai Di–So 10–19 Uhr, Juni–Sept. täglich 9–19 Uhr, im Jan. geschlossen).

21 Das Trompe-l'Œil-Gemälde

Wo das Auge sich in der Hauswand verliert

Wer sich dem Haus nähert und dabei auf den Boden schaut, überlegt sich bald, auf welchem Boden er eigentlich steht, auf dem Pflaster der Avenue Charles de Gaulle oder schon auf jenem des Bildes. Das riesige Gemälde, das dem Betrachter den Boden unter den Füßen wegziehen will, ist ein Werk des Künstlerkollektivs CitéCréation aus Lyon, dessen Spezialität die illusionistische Malerei ist. Die Kunst des Trompe-l'Œil (Augentäuschung) besteht darin, die Perspektive so einzusetzen, dass auf planer Fläche dem Betrachter eine Dreidimensionalität vorgetäuscht wird.

Das Auge des Touristen verliert sich im Bild, die Einheimischen hingegen erkennen Einzelheiten und Anspielungen schnell. Bei der Straße, auf der ein jugendlicher Skateboarder dem Betrachter entgegenfährt, handelt es sich um die Rue de la Pinterie, die weiter oben in der Stadt liegt. Der Glasanbau rechts, der in einen realen Anbau übergeht, spielt auf die Glasfabriken an, die einst ein wirtschaftliches Standbein der Stadt waren. Noch wichtiger für den Wohlstand der Stadt war die Schuhfabrikation, an sie erinnern die Schaufenster im Erdgeschoss. Hinter den Giebeln der beiden Häuser im Vordergrund geht die Stadt nahtlos in ein Gemälde von Emmanuel de la Villéon über, einem in Fougères geborenen Maler, der dem Postimpressionismus zugerechnet wird, allerdings noch stark von Cézanne und van Gogh beeinflusst ist. Das Bild zeigt die Bucht Saint-Michel, das Original ist heute im Musée Emmanuel de la Villéon zu sehen. Dieses wiederum betritt man durch das auf Holzpfeilern abgestützte Haus rechts im Bild. Am Brunnen daneben kommt der Maler ein drittes Mal ins Vexierspiel: Sein Werk ist als Kopie auf Keramik zu sehen.

Das Trompe-l'Œil-Gemälde suggeriert eine Fußgängerzone. Dem ist leider nicht so: Der kontemplative Betrachter riskiert, vom Verkehr auf der Avenue Charles de Gaulle umgefahren zu werden.

Adresse Avenue Charles de Gaulle/Rue du Tribunal, 35300 Fougères | Anfahrt 50 Kilometer nordöstlich von Rennes, über die A 84 und die N 12 zu erreichen | Tipp Das Musée Emmanuel de la Villéon (51, Rue Nationale) zeigt über 100 Originale des Malers (nur auf Voranmeldung, Tel. +33 (0)299997959).

22 Der Nantes-Brest-Kanal

Vogelgezwitscher statt tuckernder Hausboote

Der 364 Kilometer lange Kanal mit ursprünglich 236 Schleusen führt durch alle vier Departements der Bretagne und ist eine technische Meisterleistung des 19. Jahrhunderts. Die Binnenschifffahrt sollte in erster Linie der ökonomischen Entwicklung der inneren Bretagne dienen, wo befahrbare Straßen oft fehlten. Napoleon I. sah auch eine militärische Zweckmäßigkeit: Angesichts potenzieller englischer Störmanöver auf See sollten die Großstädte Nantes und Brest sowie der Kriegshafen von Lorient über Land miteinander verbunden sein. Die Arbeiten wurden 1806 unter Napoleon I. begonnen, aber erst 1858 unter Napoleon III. konnte der Kanal offiziell eröffnet werden. Noch bis zum Ersten Weltkrieg wurde er intensiv genutzt, dann unterlag er der Konkurrenz der billigeren Eisenbahn. Das endgültige Aus für die Frachtschifffahrt erfolgte mit der in den Jahren 1923 bis 1930 errichteten Staumauer von Guerlédan; seither ist der Kanal in seinem mittleren Teil nicht mehr befahrbar.

Einer der drei Scheitelpunkte des Kanals, an denen jeweils besonders viel Erde abgetragen werden musste, liegt beim Örtchen Glomel. Hier wurden ab 1822 Deserteure, Oppositionelle und Kriminelle aus der ganzen Bretagne als Zwangsarbeiter eingesetzt, für die ein spezielles Gefangenenlager errichtet wurde. Die hygienischen Zustände in den Baracken waren katastrophal, die Malaria wütete, eine Cholera-Epidemie forderte zusätzliche Opfer. Erst nach mehreren Revolten wurde das Lager 1832 geschlossen.

Heute gehört der nicht mehr schiffbare Abschnitt bei Glomel zu den schönsten Stellen des Nantes-Brest-Kanals. Wälder und Wiesen säumen die Ufer und toten Seitenarme. Statt tuckernder Hausboote sieht man gelegentlich Kanuten übers Wasser gleiten, und auch Radler haben die paradiesische Landschaft entdeckt. Der Spaziergänger sucht sich eine idyllische Stelle aus und hört dem fröhlichen Dauergezwitscher der Vögel zu.

Adresse 22110 Glomel | **Anfahrt** circa 100 Kilometer östlich von Brest, über die N 165 und die N 164 erreichbar | **Tipp** Direkt am Kanal bei Glomel liegt die Base de Loisirs de Créharer mit ein paar Tischen im Freien: Es gibt Crêpes und Getränke, einen Kanu- und Fahrradverleih.

23 Die Freiheitsstatue

Freiheit, die ich meine

Die Statue of Liberty in New York ist vielleicht die berühmteste Statue der Welt. Auch wer sie nicht gesehen hat, kennt sie. Ihr offizieller Name ist »Liberty Enlightening the World« (Freiheit, die die Welt erleuchtet), womit auch die Fackel in der Hand der 46,05 Meter hohen Göttin eine Bedeutung bekommt. Was aber will uns die Freiheitsstatue konkret sagen? Am besten hält man sich an die Inschrift auf dem Sockel: »Gebt mir eure Müden, eure Armen, / Eure geknechteten Massen, die frei zu atmen begehren, / Die bemitleidenswerten Abgelehnten eurer gedrängten Küsten; / Schickt sie mir, die Heimatlosen, vom Sturme Getriebenen«. So steht es seit 1886 geschrieben – 130 Jahre bevor ein amerikanischer Präsident an der Grenze zu Mexiko eine Mauer hochziehen wollte.

Die getreue Replik der berühmten Statue in Gourin ist im Gegensatz zum patinagrünen Original schneeweiß und nur fünf Meter hoch. Warum sie überhaupt in Gourin steht, erläutert vor Ort eine Tafel: Ende des 19. und Anfang des 20. Jahrhunderts emigrierten zahlreiche Menschen auf der Suche nach einem besseren Leben aus der Bretagne nach Amerika. Allein aus Gourin sollen 1928 rund 3.000 Menschen in New York gelebt haben, deshalb bezeichnet sich die Gemeinde heute als »Hauptstadt der bretonischen Emigration nach Amerika«. In den 1950er Jahren folgte eine weitere Auswanderungswelle, diesmal nach Kanada, das damals eine Charme-Offensive für potenzielle Einwanderer startete. So weht zur einen Seite der Statue neben dem Sternenbanner auch das Ahornblatt, zur anderen Seite ergänzen die bretonische Flagge und die von Gourin das Bild. Die Fahne Frankreichs wiederum gehört nicht zur Freiheit, sondern zum Denkmal für die Kriegsgefallenen, das ein paar Meter entfernt steht.

Die Freiheitsstatue von Gourin ist ein Geschenk der Air France, die heute die Nachkommen der Gourinois von New York in die Bretagne und zurück fliegt.

Adresse Place de la Victoire, 56110 Gourin | Anfahrt circa 45 Kilometer nordöstlich von Quimper, über die D 15 und die D 1 zu erreichen | Tipp Die Gegend um Gourin war bekannt für ihren Widerstand gegen die Nazis. Im Westen des Orts, an der Straße nach Quimper, wurde 1969 ein großes Denkmal eingeweiht, das die Namen von 83 Opfern verzeichnet.

24 Das ehemalige Gefängnis

Außen eigenartig, innen zappenduster

Drei Gebäude beherrschen den zentralen Platz des Städtchens Guerlesquin: die Kirche Saint-Ténénan, die granitene Markthalle und neben ihr das ehemalige Gefängnis. Die Kirche aus dem 15. Jahrhundert wurde 1859 durch einen neogotischen Bau ersetzt. Die Markthalle, Baujahr 1882, steht an Stelle einer Vorgängerin aus Holz aus dem 16. Jahrhundert. Das Gefängnis datiert von 1640, stürzte nie ein und ist somit das älteste Gebäude des Trios.

Der frei auf dem Platz stehende Bau befremdet auf den ersten Anblick. Die Nord- und die Südseite zeigen sich abweisend: grob gemauert, monoton. Auf den anderen beiden Seiten lockern immerhin Fensterchen beziehungsweise Lukarnen das Mauerwerk auf. Der streng quadratische Bau wirkt wie eine kleine Festung mitten auf dem Platz. Einzig die hervorspringenden Rundtürmchen an den Ecken – Einfluss der Renaissance – mildern den martialischen Eindruck.

Der Besuch des Inneren ist wenig aufregend: schiefe Treppen, knarrende Böden, fast kein Licht. Das Erdgeschoss wurde als Wachraum benutzt, in der ersten Etage logierte der Marktwächter, in der zweiten schloss sich die Tür hinter den Gefangenen, die durch das schmale Fenster immerhin etwas vom Markttreiben mitbekamen. Die Quellenlage ist dürftig. Man weiß, dass die Verurteilten nach wenigen Tagen nach Morlaix oder Brest weitergereicht wurden – bis auf einen, dem die Flucht über das Dach gelang.

Eine Besonderheit ist der granitene Block mit seinen zwei Einbuchtungen vor dem Eingang. Er ist älter als der Gefängnisbau, stand einst neben der Markthalle und diente als Maß für das Getreide, das die Bauern abzuliefern hatten. Die große Kuhle steht für einen Scheffel, die kleine für einen halben – Basis für die zu entrichtenden Steuern. Das Recht zu messen, oblag dem Seigneur, und da dessen Vertreter oft der Mogelei verdächtigt wurde, erhielt der Granitblock den Namen »pierre menteuse« (lügender Stein).

Adresse Rue du Dr Quéré, 29650 Guerlesquin | Anfahrt von Morlaix 18 Kilometer auf der N 12 in Richtung Saint-Brieuc, in Plouégat-Moysan rechts auf die D 42 nach Guerlesquin abzweigen | Öffnungszeiten Juli, Aug. täglich 10–13 und 14–18 Uhr; in den anderen Monaten kann der Schlüssel im nahen Rathaus abgeholt werden | Tipp Rechts vom Portal der Ortskirche ist der Zugang zum »Jardin des secrets«, ein Aromagarten mit Medizinalpflanzen.

25 L'Arpenteur

Der Regenmacher

Der fast vier Meter hohe Mann, der mit einer Wolke auf dem Kopf so entschlossen vorangeht, lässt keinen kalt. Allein schon der materielle Kontrast zwischen dem glänzenden Aluminium und dem Gemäuer des mittelalterlichen Schlosses, an dem der Mann entlangschreitet, ist verstörend.

Der Bildhauer Cyrille André aus Marseille hat seinem Werk, mit dem er 2018 ein Preisausschreiben der Stadt Guingamp gewann, den Titel »L'Arpenteur« gegeben. Auf Deutsch ist das ein »Vermesser«, meist ein Landvermesser. Aber was vermisst der Mann? Den Platz, die Stadt oder gleich die ganze Welt? Am ehesten wohl trifft die Antwort: Er vermisst den Zustand der Welt. »L'Arpenteur«, so die erklärte Absicht des Künstlers, symbolisiert den fragwürdigen Fortschritt einer Menschheit, die sich nicht um die Folgen ihres Tuns kümmert, einer hochindustrialisierten Gesellschaft, die den Klimawandel, unter dem sie leidet, selbst verursacht hat – so wie der Vermesser sich von der Wolke nicht trennen kann, die er selbst geschaffen hat und die auf ihn niederregnen wird. Damit das so bleibt, hat Cyrille André die 250 Kilogramm schwere Polyesterwolke mit 18 dicken Bolzen am Kopf der 660 Kilogramm schweren Aluminiumfigur festgeschraubt.

Es regnet tatsächlich. Der sanfte Schauer, der aus den 350 kleinen Löchern der Wolke niedergeht, wird über Sensoren ausgelöst. Wer sich der Skulptur nähert, riskiert, nass zu werden. Mit Sicherheit aber wird der »Arpenteur« nass, wenn die Wolke zu regnen beginnt. Sobald man jedoch direkt unter ihm steht, hört der Regen auf. Dann ersetzt das spielerische Moment der interaktiven Skulptur ihre symbolische Botschaft.

Jeder schaut hin, einige schütteln den Kopf, andere werden nachdenklich, Kinder amüsieren sich, bis sie nass genug sind. Der Bürgermeister von Guingamp ging bei der offiziellen Eröffnung von »L'Arpenteur« auf Nummer sicher: Er nahm einen Regenschirm mit.

Adresse Place du Petit-Vally, 22200 Guingamp | **Anfahrt** auf halber Strecke zwischen Morlaix und Saint-Brieuc, an der N 12 | **Tipp** 15 Kilometer westlich der Stadt erhebt sich mit 302 Metern Höhe der Ménez-Bré mit einer Kapelle auf seinem Gipfel, für Bretonen ein Berg.

26 Die Chocolaterie Pasquiet

Süßes aus dem Familienunternehmen

Der ockerfarbene Fachwerkbau, in dem die Chocolaterie Pasquiet seit über hundert Jahren zu Hause ist, dürfte das am meisten fotografierte Haus von Guingamp sein, ein Schmuckstück aus dem 15. Jahrhundert. Im Jahr 1902 kaufte es der Urgroßvater von Vincent Pasquiet, um, statt in einer fremden Patisserie zu arbeiten, hier sein eigenes Unternehmen aufzuziehen. Vincents Vater erweiterte den Betrieb um den Bereich einer Chocolaterie, und Vincent selbst absolvierte erst eine Lehre als Patissier mit Zusatzausbildung Chocolatier, bevor er ins Familienunternehmen einstieg. Heute leitet er, unterstützt von seiner Frau Carole, die Chocolaterie in vierter Generation.

In der ersten Etage ist ein Tearoom eingerichtet, und noch weiter oben wohnt die Familie. Unten, im Erdgeschoss, schließt sich dem Verkaufsraum ein Café an, das auch auf dem Platz serviert. In den hinteren Räumen verarbeitet Vincent mit seinem Lehrling zusammen, meist zusätzlich unterstützt von einem Praktikanten oder einer Praktikantin, jährlich drei Tonnen hochwertige Schokolade, die er im Rohzustand aus der Karibik, aus Brasilien oder Madagaskar bezieht. Die Verflüssigung von Schokolade ist eine äußerst präzise Laborarbeit, bei der alles von der Temperatur abhängt. Die Formen, in die dann das Gut gegossen wird, sind vielfältig, und nicht zuletzt kreiert der Chocolatier auch seine eigenen. Die Produkte werden an der Theke verkauft, unter anderem das alte Fachwerkhaus – braun in braun – als originalgetreuer Schokoladeabguss.

Ganz ohne Schokolade kommt der Kouign-amann aus, wie der leicht karamellisierte, klassische bretonische Butterkuchen heißt. Dass Vincent Pasquiet auch darin ein Meister seines Fachs ist, zeigen die Medaillen, die er sich beim jährlichen Kouign-amann-Wettbewerb geholt hat, bei dem jeweils 50 bretonische Patissiers konkurrieren: zweimal Bronze, einmal Silber. Das Gold wird bestimmt auch noch kommen.

Adresse 31, Place du Centre, 22200 Guingamp | **Anfahrt** auf halber Strecke zwischen Morlaix und Saint-Brieuc, an der N 12 | **Öffnungszeiten** Di–Fr 9–12.30 und 14–19 Uhr, Sa 8.30–19 Uhr, So 9–13 Uhr | **Tipp** Der Brunnen auf dem Platz, »La Plomée« genannt, ist ein Meisterwerk, das Renaissance und Louis-XV-Stil kombiniert.

27 Die Schleusentreppe

Napoleon baut für Hausbootkapitäne

Noch vor dem Nantes-Brest-Kanal wurde als erste Wasserstraße der Bretagne der Ille-Rance-Kanal eröffnet. Sein Bau fällt in die Zeit des britisch-französischen Kolonialkonflikts. 1793 errichteten die Engländer eine Seeblockade, woraufhin Napoleon bereits früher diskutierte Pläne wieder aufgriff, die eine Schiffsverbindung zwischen dem Ärmelkanal und dem Atlantik quer durch die Bretagne vorsahen. 1804 wurde mit dem Bau des Ille-Rance-Kanals begonnen, 30 Jahre später – der gescheiterte Kaiser war inzwischen in seinem Exil auf St. Helena gestorben – wurde der Wasserweg von Saint-Malo nach Rennes eröffnet; von Rennes aus konnten die Schiffe dann auf der Vilaine über Redon in den Atlantik fahren.

Für die Wirtschaft war der Ille-Rance-Kanal nur ein paar Jahrzehnte lang von Bedeutung. Mit dem Aufkommen der Eisenbahn – die Linie von Rennes nach Saint-Malo wurde 1864 eröffnet – war eine billigere und vor allem schnellere Alternative für den Warentransport gegeben, die nach dem Zweiten Weltkrieg mit dem Aufbau des Autobahnnetzes ihrerseits Konkurrenz bekam.

Um die Höhendifferenzen zu überwinden, wurde der Ille-Rance-Kanal mit 48 Schleusen versehen, 20 von Rennes aufwärts bis zum Scheitelpunkt, 28 abwärts bis zur Rance-Mündung. Zum zweiten Abschnitt gehört die Abfolge von elf Schleusen auf kaum mehr als zwei Kilometern auf dem Gemeindegebiet von Hédé-Bazouges. Einige Schleusenwärterhäuschen stehen verlassen, in anderen hat sich jemand einen schönen Zweitwohnsitz eingerichtet, eines wurde zu einer Bar mit Käse- und Weinverkauf umgebaut. Fußgänger und Radfahrer schätzen den romantischen Weg am Kanal entlang. Noch schöner lässt sich die Landschaft auf dem Wasser erfahren. Heute gehört der Kanal den Hausbooten, die gemächlich dahintuckern. Bei Hédé-Bazouges warten sie geduldig, bis sich Schleuse für Schleuse öffnet – eine angenehme Variante des Slow Traveling.

Adresse 35630 Hédé-Bazouges | **Anfahrt** an der D 137, 20 Kilometer nördlich von Rennes | **Tipp** Die Maison du Canal d'Ille-et-Rance, kanalaufwärts gezählt bei der dritten Schleuse, zeigt eine hervorragende Dokumentation über den Bau des Kanals (April–Juni, Sept., Okt. täglich 14–18 Uhr, Juli, Aug. täglich 10–13 und 14–18 Uhr).

28 Das Chaos der Mühle …

und einer, der das Chaos nicht gesehen hat

Das Felsenchaos heißt »Chaos der Mühle«, die Mühle heißt »Mühle des Chaos« und steht direkt an der Brücke. Jahrelang stand sie leer, seit 2018 hat sie einen neuen Besitzer, der in ihr eine Kunstgalerie eröffnet hat. Von hier führt der Weg an gewaltigen Granitbrocken vorbei ins Chaos hinunter, wo die Felsen sich türmen. Für das letzte Stück steht eine Eisenleiter zur Verfügung, an deren Fuß sich der Eingang zur »Teufelshöhle« befindet. Dort ist es so dunkel und glitschig, dass man eher ausrutscht als etwas sieht. Umso unheimlicher klingt das stete Gurgeln des unterirdisch verlaufenden Silberbachs.

Von der Teufelshöhle führen mehrere Rundwege, für die man sich am besten ein Informationsblatt beim Tourismusbüro besorgt, zu weiteren legendenbehafteten Stellen: Artusgrotte, Wildschweinpfuhl, Haushalt der Jungfrau, Felsloch der Fee Dahud, Tochter des legendären Königs Gradlon. Einzig der Silberbach verdankt seinen Namen nicht einer Legende, sondern einer ehemaligen Mine, die erst 1934 definitiv geschlossen wurde.

Vor der Mühle erinnert eine Tafel an Urbain-François Le Bihan, Sieur de Kervoach aus Huelgoat, der im 18. Jahrhundert nach Québec auswanderte. Er sei der Stammvater aller Kerouac, Kirouac oder Keroack, die man in Nordamerika treffe, somit ein Urahne von Jack Kerouac, der sich selber korrekt Jean-Louis Lebris de Kérouac nannte. Der Autor von »On the Road«, der »Bibel der Beat Generation«, fuhr 1965 auf der Suche nach seinen bretonischen Wurzeln nach Brest, eine Reise, die er in »Satori in Paris« verarbeitete. Zusammen mit dem damals in den USA lebenden bretonischen Sänger Youenn Gwernig plante er 1967 eine zweite Reise in die Bretagne, diesmal nach Huelgoat, sagte diese dann aber wegen Geldmangel ab. In Huelgoat wäre Jack Kerouac auf der Suche nach seiner Herkunft fündig geworden, und vielleicht wäre er auch in das Chaos der Mühle hinuntergestiegen.

Adresse Route de Berrien, 29690 Huelgoat | **Anfahrt** im Landesinneren, circa 70 Kilometer östlich von Brest; auf der N 165 / 164 bis Châteaulin, dann auf Nebenstraßen weiter | **Tipp** Die Kirche von Saint-Herbot ist nur acht Kilometer entfernt und ein Juwel.

29 Das Schwert

Ein lokaler Handwerker in der Rolle des Merlin

Am Anfang der Geschichte steht keine von der öffentlichen Hand bezahlte Auftragsarbeit, sondern ein beim Bier entstandener Jux. Er sei vom Besitzer der Bar am See gefragt worden, ob er so ein Schwert herstellen könne, erzählte ein Handwerker, der sich in der Metallbearbeitung auskennt, dem Lokalblatt. Er nahm die Herausforderung an, schmiedete ein Schwert aus rostfreiem Stahl, nahm Bohrmaschine und ein paar Dübel und »rammte« sein Werk schließlich in den Felsen am Ufer des Lac de Trémelin. Das war in den 1980er Jahren. Seither steckt es da, und noch keinem gelang es, das Schwert aus dem Stein herauszuziehen.

Versucht haben es schon viele, Kinder wie Erwachsene. Wem es gelingt, dem steht der Titel eines Königs der Bretagne zu. Das Objekt ist schließlich nicht irgendein Schwert, nein, es handelt sich um Excalibur, das berühmte Schwert aus der Artussage, die in der nahen Brocéliande eine große Rolle spielt. In den Felsen gerammt hat es der Zauberer Merlin mit dem Versprechen, dass es unzerbrechlich sei, alle Materialien zerschneide und dass die Scheide, in der es stecke, den Besitzer unverwundbar mache. Die eine Version der Sage erzählt, Artus hätte das Schwert mühelos aus dem Felsen herausgezogen, eine andere meint, die Fee Viviane, Merlins Geliebte, hätte ihm die Waffe zugesteckt. So oder so, Artus wird König, fällt später in der Schlacht von Camlann, oder – andere Version, schließlich ist er unverwundbar – er rettet sich auf die Insel Avalon. Bei seinem Tod wurde das legendäre Schwert in einen See geworfen. Vom Lac de Trémelin ist in der Sage nicht die Rede.

Er hätte seine Arbeit unentgeltlich gemacht, erzählte der Urheber des Schwerts von Iffendic. Es genüge ihm, von Zeit zu Zeit an den See zu gehen und die Kommentare zu hören. Bestimmt freut er sich zu sehen, wie Besucher sich abmühen und dass sein Schwert noch immer im Felsen steckt. Die Bretagne bleibt vorerst republikanisch.

Adresse Domaine de Trémelin, 35750 Iffendic | Anfahrt 35 Kilometer westlich von Rennes, die N 12 bei Bédée verlassen, dann weiter auf der D 31 | Tipp Drei Kilometer in Richtung Saint-Malon lädt das Vallon de la Chambre au Loup zu kurzen Wanderungen ein.

30_Der Garten Delaselle

Ein Versicherungsagent wird Botaniker

Klimaerwärmung ohne menschliche Sünden: Der Golfstrom sorgt an der bretonischen Nordküste für ein Mikroklima, in dem auch Feigenbäume und mediterrane Pflanzen gedeihen. Diese Entdeckung machte auch Georges Delaselle, als er 1903 einen Garten auf dem fünf Hektar großen Terrain anlegte, das er ein paar Jahre zuvor gekauft hatte.

Delaselle, der in Paris eine führende Position in einer Versicherungsgesellschaft bekleidete, engagierte ein Dutzend Inselbewohner und machte mit ihnen den kargen Boden für sein Projekt dienstbar: Künstliche Dünen wurden angelegt und bepflanzt, um ihnen Festigkeit zu verleihen; so war das Terrain gegen Wind und Wetter abgeschirmt. Eine große Mulde wurde gegraben, um besonders zarte Pflanzenarten zusätzlich zu schützen. Ganz nebenbei stieß Delaselle bei seinen Arbeiten auf eine Nekropole aus der Bronzezeit. Lieber aber hätte er den legendären Schatz des heiligen Pol gehoben, der im 6. Jahrhundert aus Wales einwanderte, um die Insel zu missionieren. Radiästhesie war das zweite Hobby des Versicherungsagenten. Da die Wünschelrute keine Erfolge zeitigte, widmete er sich bald wieder gänzlich den Pflanzen, importierte aus anderen Gärten, vornehmlich Arten aus Übersee. So entstand ein exotisches Biotop, das er – damals politically correct – »Jardin colonial« taufte. 1918 kündigt Delaselle seinen Pariser Job und lässt sich endgültig auf der Insel nieder. Als er 1937 mit 77 Jahren den Garten verkauft, zeichnet sich der Niedergang bereits ab. Im Zweiten Weltkrieg besetzen die Deutschen die Insel, in den Jahrzehnten darauf verwahrlost das Gelände vollends.

In den 1980er Jahren begann ein heute von der öffentlichen Hand unterstützter Verein mit der umfassenden Rekonstruktion des Gartens, der nun mehr als 1.600 Arten, zwei Drittel aus der südlichen Hemisphäre, zeigt. Georges Delaselle hätte bestimmt seine Freude am Paradies, über dem sein Geist weht.

Adresse Penn Batz, 29253 Île de Batz | **Anfahrt** Fähre von Roscoff | **Öffnungszeiten** April – Mitte Okt. täglich 11 – 18 Uhr | **Tipp** Unweit des Gartens befindet sich die malerische Ruine der Kapelle Sainte-Anne.

31 Die Passerelle

Trockenen Fußes über den See gehen

Im Norden zieht sich der Arguenon Richtung Küste, im Süden ist sein Zufluss, die Rosette, zu einem See aufgestaut. Viel Grün und viel Wasser – die Lage von Jugon-les-Lacs ist einladend, das Städtchen selbst zeigt ein intaktes Zentrum und wurde mit dem Label »Petite Cité de Caractère« ausgezeichnet.

Am östlichen Ufer des Étang de Jugon sind ein Sportzentrum, ein Schwimmbad und ein Campingplatz eingerichtet, am Westufer sitzen die Fischer und werfen ihre Angeln aus. Schleien, Karpfen, Brassen und Aale – das Gewässer ist fischreich. Die Schilder, die das Fischen verbieten, scheinen hier niemanden zu kümmern. »Wir werfen die Fische wieder ins Wasser zurück«, versichert ein Angler – seltsames Hobby.

Musste man sich als Spaziergänger bislang für eines der beiden Ufer entscheiden, so ist seit 2017 mit der neuen Passerelle über den See ein schöner Rundweg von vier Kilometern Länge entstanden: an einem Ufer hin, am anderen Ufer nach Jugon-les-Lacs zurück.

Die höchst elegante Passerelle, eine dreiteilige schwimmende Holzbrücke, ist unter der Federführung der in der Vendée beheimateten Firma Atlantic Marine entstanden, die im Bau von Pontons für Yachthäfen Erfahrung gesammelt hat. Zweimal abgewinkelt zieht sich die sechs Meter breite Passerelle 1,40 Meter über dem Wasser auf einer Länge von 152 Metern von einem Ufer ans andere. Ein Teil ist leicht angehoben, damit kleinere Schiffe problemlos passieren können. Um die geringen Stöße des Wassers, die der Spaziergänger eher als wohltuend empfindet, abzufangen, sind die drei Teile mit einem System von kleinen Ketten untereinander verbunden. Hier zeigte sich bisher die einzige Schwachstelle der eleganten Konstruktion. Ein nicht richtig geschweißtes Metallteil führte im Herbst 2018 zur Sperrung der Brücke. Der Schaden ist mittlerweile behoben und das fragile Werk wieder solide genug, um die zahlreichen Spaziergänger zu tragen.

Adresse 22270 Jugon-les-Lacs | **Anfahrt** an der N 176, circa 25 Kilometer westlich von Dinan | **Tipp** Zehn Kilometer nördlich liegt die spektakuläre Ruine des Château de la Hunaudaye (April–Juni 14.30–18 Uhr, Juli–Mitte Sept. 10.30–18.30 Uhr).

32 Das Haus der Fledermaus

Hufeisennasen im Kirchengebälk

Die Warnung *»Attention à vos cheveux!«* (Passen Sie auf Ihre Haare auf!) am Eingang ist nicht ernst zu nehmen, dem Besucher werden keine Fledermäuse um den Kopf flattern. In der »Maison de la Chauve-Souris« gibt es keine einzige Fledermaus, zumindest keine lebende. Dafür bekommt man hier eine höchst informative Dokumentation über diese fliegenden Säugetiere zu sehen, von denen es weltweit über 1.000 Arten gibt.

Die Geschichte des Dokumentationszentrums hat mit der Kirche auf der anderen Seite des Platzes zu tun. Dort wurde 1988 eine der größten Fledermauskolonien Frankreichs entdeckt, rund 300 Exemplare der Spezies Rhinolophus ferrumequinum, die deutsche Bezeichnung ist Große Hufeisennase. 1992 wurden Dachboden und Turm der Kirche als Biotop unter Schutz gestellt. Das hinderte allerdings einige Eulen nicht daran, Jagd auf die Fledermäuse zu machen, schließlich stehen die auf ihrem Speisezettel. Folge der Eulenraubzüge: Im Jahr 2000 ergriff ein Großteil der Kolonie die Flucht. Doch 2005 waren sie fast vollzählig wieder zurück, und 2010 zählte die Kolonie bereits rund 400 Exemplare – von denen 2011 die Hälfte wieder das Weite suchte, diesmal fühlten sich die Fledermäuse durch Arbeiten am Kirchendach gestört. Aber auch sie kehrten wieder zurück.

Heute befinden sich im Kirchengebälk rund 750 Tiere, deren Treiben mit einer Infrarotkamera verfolgt wird. Viel mehr als ein Gewusel ist auf dem Film, der in der Ausstellung gezeigt wird, allerdings nicht zu sehen. Interessanter sind die anschaulichen Erklärungen, die sich in erster Linie an Schulklassen richten, denen aber auch Erwachsene etwas abgewinnen können. Wie funktioniert die Echoortung, mittels derer sich die Tiere im Dunkeln zurechtfinden? Warum haben Fledermäuse so große Ohren? Und warum fallen sie im Winterschlaf, wenn sie kopfüber an einem Balken hängen, nicht einfach wie faule Äpfel auf den Boden?

Adresse 1, Place de l'Église, 56540 Kernascléden | **Anfahrt** circa 40 Kilometer nördlich von Lorient, Abzweig von der D 769 in Plouay | **Öffnungszeiten** April–Juni und Sept., Okt. Mi–So 14–17.30 Uhr, Juli, Aug. Di–Fr 15–17 Uhr, Sa, So 14–18.30 Uhr | **Tipp** In der Ortskirche wurden die Fragmente eines eindrucksvollen Totentanzes freigelegt.

33 Die Kosmetikfirma

»Im Dienste der Schönheit der Frau«

Wer nach La Gacilly kommt, stößt unweigerlich auf den Namen Yves Rocher. Das weltberühmte Kosmetik-Unternehmen hat dem Dorf seinen grünen Stempel aufgedrückt. Es unterhält in La Gacilly einen botanischen Garten, ein ökologisches Hotel und veranstaltet seit über 15 Jahren jeden Sommer eine internationale Fotoausstellung. 2018 eröffnete Jacques Rocher, Bürgermeister von La Gacilly, Sohn des Firmengründers und heute im Konzern zuständig für nachhaltige Entwicklung und Umwelt, ein Kulturzentrum, dessen Name »Artémisia« perfekt ins Kommunikationskonzept der Firma passt.

Das Besucherzentrum des Unternehmens, die Maison Yves Rocher, liegt auf der dorfabgewandten Seite der Aff und ist über eine Fußgängerbrücke zu erreichen. Der moderne Bau fügt sich harmonisch in die grüne Umgebung ein. Er gliedert sich in drei Teile: das »Végétarium«, ein Restaurant mit Terrasse, in dem nicht nur Vegetarisches serviert wird, eine Boutique, die in ihren Regalen sämtliche Produkte des Unternehmens zeigt, und schließlich das »Musée Immersif«. Hier werden effektvoll in fünf thematisch gegliederten Räumen die Biografie des 1930 in La Gacilly geborenen Gründers, seine Experimente mit Pflanzen sowie die Entwicklung und die Zielsetzungen seines Unternehmens vorgestellt. Yves Rocher dachte schon ökologisch, bevor der Zeitgeist den Begriff auf jeden Werbeprospekt wehte. Ins Konzept der Unternehmenspolitik passt auch der von der Fondation Yves Rocher gestiftete Umweltpreis »Trophée des Femmes«, mit dem nachhaltige Projekte von Frauen unterstützt werden.

Als Yves Rocher 2009 mit 79 Jahren starb, würdigte ihn der damalige Staatspräsident Sarkozy als Pionier der Pflanzenkosmetik, der sein Unternehmen »im Dienste der Schönheit der Frau« aufgebaut hätte. Mittlerweile vertreibt Yves Rocher auch eine Produktserie für die andere Hälfte der Menschheit. Auch Männer wollen schön sein.

Adresse Le Moulin – Le Bout du Pont, 56200 La Gacilly | **Anfahrt** circa 60 Kilometer südwestlich von Rennes, auf der D 177 bis Pipriac, dort rechts in die D 777 | **Öffnungszeiten** Museum Juli, Aug. Di–So 10–12 und 14–18 Uhr, Sept.–Juni Fr–So 14–18 Uhr | **Tipp** Entspannung im Grünen: Zum Imperium von Yves Rocher gehört auch das Hotel La Grée des Landes am Ortsrand.

34 Das Musée Manoli

Der Mann, der Granit zum Schmelzen brachte

Das erste Drittel seines Lebens verbrachte der Bildhauer Pierre Manoli (1927–2001) in seinem Geburtsort Kairo, wo er die Kunstakademie besuchte. Das zweite Drittel spielt in Paris, wo er seine Ausbildung fortsetzte und dann als freier Künstler arbeitete. Das dritte Drittel lebte und arbeitete er in La Richardais, wo sieben Monate nach seinem Tod das »Musée Manoli« eröffnet wurde.

Das Museum und sein Skulpturengarten zeigen einen Querschnitt durch das Werk eines vielseitigen Künstlers, der sich für Materialien aller Art interessierte und mit vielen Techniken experimentierte. War sein frühes Werk noch weitgehend menschlichen Figuren und der Bewegung im Raum gewidmet – schlanke Akrobaten –, so entdeckte Manoli später das Arbeiten mit dem Schweißbrenner. In der Rezeptionshalle – einst Werkstatt des Künstlers – wird ausführlich dokumentiert, was sich damit alles machen lässt, zum Beispiel lässt sich Metall mit Keramik verbinden. Angeblich hatte Manoli einst auf eine Materialsendung gewartet und ungeduldig mit seinem Schweißgerät auf Kieselsteine geklopft – sie schmolzen. Die Entdeckung, dass bei 2.000 Grad Hitze selbst Granit weich wird, führte ihn zu neuen Experimenten.

Auch im Skulpturengarten dominieren erst leichte Figuren wie die »Begegnung im Raum«, dann aber begibt man sich auf eine wahre Entdeckungsreise: eine Zauberflöte aus Messing, eine Pferdegruppe aus Bronze, ein Menhir aus Polyester, eine Eule aus Kupfer, Messing und Zinn. »His Lordship« ist ein Schaf aus Polyester, Harz und Golfbällen …, und schließlich experimentierte der vielseitige Mann auch mit kinetischen Skulpturen: »Das Auge« ist eine Collage aus dem motorisierten Gestänge von zwölf Regenschirmen, das sich öffnet und schließt.

Eine von Manolis letzten Arbeiten ist nicht im Museum zu sehen, sondern in der Kathedrale von Quimper. Dort stammen Altar, Bischofsstuhl und Stehpult aus seiner Werkstatt.

Adresse 9, Rue du Suet, 35780 La Richardais | **Anfahrt** Nachbarort von Dinard, an der Rance gelegen | **Öffnungszeiten** Feb.–Juni, Sept.–Nov. täglich außer Di 14–18 Uhr, Juli, Aug. täglich 11–19 Uhr | **Tipp** Das Gezeitenkraftwerk an der Rance unterhält am westlichen Ende des Damms ein interessantes Dokumentationszentrum (April–Juni und Sept. täglich außer Sa 10–12.30 und 13.30–18 Uhr, Juli, Aug. täglich außer So 10–12.30 und 13.30–18 Uhr).

35 Das Sarah B.

Ein gastronomischer Betrieb mit Pfiff

Schon die Lage am Ende des Hafens, an einem Seitenarm der Vilaine, ist ein Traum. An der Längsfront erinnert die Aufschrift »Théâtre Sarah Bernhardt« daran, dass das Gebäude früher als Theater genutzt wurde. Tatsächlich hatte 1993 ein bretonischer Regisseur den dreistöckigen Bau aus braunem Stein gekauft und zur Akademie für Schauspiel und Oper umgebaut. Aus dem heruntergekommenen einstigen Lagerraum für Getreide, das auf den Schiffstransport wartete, wurde ein Ort der Kultur. Ein neuer Besitzer richtete 2006 ein geräumiges Café-Restaurant über mehrere Etagen ein, ein letzter Umbau 2015 betraf vor allem die Küche, die sich nun als großzügige Werkstatt präsentiert. Aber ganz will man auf Kultur nicht verzichten, und so finden an Wochenenden oft Konzerte und Kabarettabende statt; der umgebaute einstige Getreidespeicher ist hierfür ein idealer Ort.

Heute sorgen Isabelle Lucas und ihre fröhliche Équipe mit einem ungewöhnlichen kulinarischen Konzept für das Wohl und die Zufriedenheit der Gäste: Tapas, Burger, Salate und asiatische Spezialitäten stehen auf der Karte, aber auch Tournedos und Fisch … und so schöne Namen wie »l'Orgasme Hic« für einen Cocktail auf Wodka-Basis oder »Suicide Chocolat« für einen süßen Nachtisch. Im Sommer sitzt man bei dezenter musikalischer Beschallung unter dem Zelt- oder dem Palisadendach der Terrasse.

Als Zeichen politischer Solidarität überweist Sarah B. pro Gericht zehn Cent an »SOS Méditerranée«, eine NGO, die 2016 dafür bekannt wurde, dass sie libysche Flüchtlinge aus den seeuntauglichen Schlauchbooten krimineller Schlepper rettete. Die Solidaritätsaktion rief islamophobe Kreise vom äußersten rechten Rand des politischen Spektrums auf den Plan, die in den Social Media dazu aufriefen, Sarah B. zu boykottieren – ohne Erfolg. Dass solche Leute von sich aus fernbleiben, stört den Besucher dieses phantastischen Orts hingegen keineswegs.

Adresse 9, Quai Saint-Antoine, 56130 La Roche-Bernard | **Anfahrt** an der N 165, circa 45 Kilometer südöstlich von Vannes | **Öffnungszeiten** Di–So 11.30–15 Uhr und 18–23 Uhr | **Tipp** Im Ortskern gibt das Musée de la Vilaine Maritime Einblicke in den maritimen Alltag zu Beginn des 20. Jahrhunderts (Juli, Aug. Do–So 10–12 und 14–18 Uhr).

36 Das Atelier-Museum

In Jules Vernes wunderlichem Reich

»Um die Realität erträglich zu machen, müssen wir alle einige kleine Verrücktheiten pflegen.« Der Satz stammt von Marcel Proust und steht als Wahlspruch neben dem Eingang des Atelier-Musée Jules Verne. Ist die Tür geschlossen, dreht man an einem roten Rad. Falls der Meister in der zweiten Etage Siesta hält, steht er jetzt senkrecht im Bett; auf jeden Fall erschrickt der Besucher selber ob des lauten Tons der Schiffsklingel.

Michel Trénit diente 15 Jahre lang bei der französischen Marineluftwaffe, bevor er sein wunderliches Reich in La Trinité-sur-Mer, einem Mekka der Yachtkapitäne, einrichtete. Als seinen heutigen Beruf gibt er »fourbisseur de marine« an, was sich besser umschreiben als übersetzen lässt: Er repariert, renoviert, restauriert und poliert Objekte der Seefahrerei – und dies seit 30 Jahren. Als Handwerker ist er ein Faktotum, ein Blick in die Werkstatt genügt.

Im Museum, das auf kleinstem Raum über zwei Stockwerke verteilt ist, wird man erst von der schieren Menge an Objekten erschlagen, in der sich das Auge schnell verliert: Schiffsmodelle noch und noch, Instrumente wie Sextanten, Ferngläser und Kompasse, Seemannskoffer, Steuerräder, Bojen und Rettungsringe, und irgendwo steht ein fein geschnitztes Modell des Oratoriums von Saint-Pol-de-Léon. 90 Prozent der Objekte kaufe er auf Trödelmärkten ein, zehn Prozent brächten ihm Leute vorbei, erzählt Michel Trénit. Aber bevor ein Gegenstand bei ihm zum Verkauf angeboten wird, muss er erst die Werkstatt durchlaufen. Dort sitzt der Meister mit Schraubenzieher, Zange oder Pinsel in der Hand. Nicht selten findet auch ein Yachtkapitän den Weg vom Hafen hoch ins Ortszentrum, wenn er etwas repariert haben will. Er hätte sich schon als kleiner Junge für alles begeistert, was mit der Seefahrt zusammenhängt, erzählt Michel Trénit. Vielleicht hat er sich einfach einen Bubentraum erfüllt – oder er pflegt seine kleine Verrücktheit, um die Realität zu meistern.

Adresse Place de l'Église, 56470 La Trinité-sur-Mer | **Anfahrt** an der Südküste, östlich der Halbinsel Quiberon | **Tipp** Im Süden des Orts ist die 400 Meter lange Plage de Kervillen eine vorzügliche Badeadresse.

37 Das Nationalgestüt

Wo das bretonische Pferd sich vermehrt

Jean-Baptiste Colbert, als Finanzminister von Ludwig XIV. auch zuständig für eine gut gefüllte Kriegskasse, befand, dass es für die königliche Kavallerie Besseres geben müsse als Ackergäule. Er ließ 1665 in Lamballe ein Hengstdepot einrichten, aus dem sich 1715 ein erstes Gestüt entwickelte. Knapp hundert Jahre später war Napoleon an der Macht, der ebenfalls ein großes Interesse an kriegstauglichen Pferden hatte. Er reformierte, was er vorfand, und organisierte in ganz Frankreich kaiserliche Gestüte, die nach seinem Sturz nominell zu »*Haras nationaux*« (Nationalgestüte) demokratisiert wurden. Im Ersten Weltkrieg dann wurden mehr Maschinen als Pferde eingesetzt, die Gestüte verloren an Bedeutung. Im 21. Jahrhundert begann der Staat sich ihrer zu entledigen. Seit 2016 gehört das Gestüt von Lamballe einem Zweckverband, in dem Region, Departement und Kommune vertreten sind, und dem Französischen Pferde- und Reitinstitut.

Wer den Eingang des Gestüts hinter sich gelassen hat, staunt erst über die großzügige Anlage mit ihren geometrisch angeordneten Stallungen. In Lamballe waren einst bis zu 400 Pferde untergebracht. Heute gilt die Aufzucht vor allem dem »Postier breton«, einem der drei Bretonen-Typen; im Gegensatz zu seinen Verwandten, dem »Trait breton« und dem »Petit trait breton«, beides robuste Zugpferde, ist er etwas leichter gebaut. Eher kriegsuntauglich, wird er gelegentlich noch in der Landwirtschaft eingesetzt, wenn die Abhänge zu steil für Maschinen sind. Durften die teuren Zuchthengste früher noch »persönlich« rossige Stuten begatten und wurden zu diesem Zweck über die Lande gefahren, so wird heute nur noch künstlich inseminiert.

Ausgewiesene Pferdekenner stellen einige Postiers bretons vor und geben kompetente Auskünfte. Erwachsene folgen den klugen Ausführungen, Kinder staunen und fahren mit ihren Händen durch die Mähnen der geduldigen Tiere.

Adresse Place du Champ de Foire, 22400 Lamballe | Anfahrt 22 Kilometer östlich von Saint-Brieuc an der N 12 nach Rennes | Öffnungszeiten Führungen täglich 14.30 Uhr, Mai–Aug. auch 16.30 Uhr | Tipp Das schönste Haus von Lamballe ist das 500 Jahre alte Haus des Henkers an der zentralen Place du Martray, Sitz zweier kleiner Museen.

38 Die Rohan-Brücke

Leben über dem Fluss

Bewohnte Brücken sind eine Seltenheit. In ganz Europa soll es noch 35 geben, zwei davon in Frankreich, den Pont des Marchands im südfranzösischen Narbonne und den größeren, 67 Meter langen Pont de Rohan in Landerneau. Die Brücke über die Élorn war bis zur Einweihung der Albert-Louppe-Brücke bei Brest 1930 die wichtigste Verbindung zwischen den historischen Grafschaften Léon und Cornouaille. Wer auf der Brücke steht, so sagt man, hat einen Fuß im Léon, den anderen in der Cornouaille. Entsprechend säumt an der Nordseite der Quai de Léon, an der Südseite der Quai de Cornouaille die Élorn.

Der Pont de Rohan datiert von 1510. Bauherr war der steinreiche Jean II. aus dem Geschlecht derer von Rohan, der selbstverständlich einen happigen Brückenzoll einstrich. Urkundlich beglaubigt sind aus dieser Zeit zwei Geschäfte auf der Brücke sowie eine Lachsfischerei und eine Mühle, deren zwei Zimmer im oberen Geschoss als Gefängnis dienten. Nicht selten sollen Häftlinge durchs Fenster in die Freiheit beziehungsweise in die Élorn gesprungen sein. Der Müller, im Nebenberuf Gefängniswärter, bekam im Lärm von Mühlrad und Fluss kaum etwas davon mit.

Die meisten der heutigen Häuser stammen aus dem 17. Jahrhundert, unter ihnen die schmucke Maison Gillart im Renaissancestil, die im Norden mit der 1897 abgerissenen Mühle verbunden war. Im Inneren waren einst ein Ballsaal und später ein öffentliches Bad eingerichtet. Auf der anderen Straßenseite zeigen sich drei malerische, aus Schiefer gemauerte Häuser.

Die Brücke wurde 1958 mit einer Betondecke versehen, sie sollte tauglich für den rollenden Verkehr sein. Heute ist dies nicht mehr nötig, der Pont de Rohan gehört den Fußgängern und den gastronomischen Betrieben: Restaurants, Crêperien, ein Fast-Food-Lokal und Bars. Am Nordende der belebten Brücke schließt eine winzige, wunderbare Buchhandlung den Reigen der Geschäfte.

Adresse Rue du Pont, 29800 Landerneau | **Anfahrt** circa 25 Kilometer östlich von Brest, am schönsten über die D 233 an der Élorn entlang erreichbar | **Tipp** Der Fonds Hélène & Edouard Leclerc pour la Culture an der Rue des Capucins zeigt hochkarätige Ausstellungen (Daten und Öffnungszeiten unter www.fonds-culturel-leclerc.fr).

39 Die Abtei Saint-Guénolé

Zu lange her, um wahr zu sein

Die malerische Klosterruine am Ufer der Aulne hat eine so alte Geschichte, dass ihre Anfänge in Legenden versickern. Die Mutter von Guénolé soll drei Brüste gehabt haben, keiner ihrer drei Söhne sollte zu kurz kommen – die einzige Tochter zählte offenbar nicht. Die Familie kam aus Wales, Guénolé wurde als Jüngster erst nach der Ankunft in der Bretagne geboren. Zu den vorchristlichen Legenden gehört, dass er Berater von König Gradlon war, seinerseits eine legendäre Figur. Zu den christlichen Legenden zählen die zahlreichen Wunder, die Guénolé vollbrachte: Er heilte Lahme und brachte Tote wieder ins Leben zurück. Seiner Schwester setzte er ein Auge wieder ein, das ihr eine Gans herausgepickt und verschlungen hatte. Erst musste er den Gänsebauch aufschlitzen.

Das Gründungdatum der Abtei weiß keiner genau. 1985 wurde der 1.500. Geburtstag gefeiert, demnach würde sie aus dem Jahr 485 stammen. Das wäre zumindest mit der Biografie von Guénolé kompatibel, der ungefähr von 460 bis 530 gelebt hat und als Gründer des Klosters und dessen erster Abt gilt. Der Romancier Gustave Flaubert, der 1847 Landévennec besuchte, gibt in seinen sonst sehr exakten Reisenotizen 448 als Todesjahr des Heiligen an – das stimmt wohl eher nicht.

Grabungen bestätigten die Existenz eines frühen Klosters im 5. Jahrhundert, schriftlich nachgewiesen ist eine Abtei aus der karolingischen Zeit, deren Mönche sich im Jahr 818 der benediktinischen Ordensregel unterwarfen. Im 10. Jahrhundert wurde sie von Normannen geplündert und in Trümmer gelegt, bald aber wieder aufgebaut. Während der Französischen Revolution waren nur noch vier Mönche da, das Kloster wurde aufgehoben und kurze Zeit später verkauft. Der neue Besitzer zerstörte es, er brauchte Platz für einen großen Kalkofen, von dem nichts mehr zu sehen ist. Geblieben sind die spektakuläre Ruine und ein professionell geführtes Museum, das ihre Geschichte erzählt.

Adresse Place Yann de Landévennec, 29560 Landévennec | Anfahrt circa 50 Kilometer südöstlich von Brest, auf der N 165 bis Le Faou, dann Richtung Halbinsel Crozon, nach circa 16 Kilometern in die D 60 | Öffnungszeiten April – Juni und Mitte Sept. – Okt. Mo – Fr 10.30 – 18 Uhr, Sa, So 10 – 13.30 Uhr und 14 – 18 Uhr, Juli – Mitte Sept. täglich 10.30 – 19 Uhr | Tipp Seit 1958 unterhalten die Benediktiner eine neue Abtei Saint-Guénolé, die in fünf Minuten zu Fuß erreichbar ist.

40__La Pelousière

Pioniere der Nachhaltigkeit

Wenn vom 600-Seelen-Ort Langouët in den Zeitungen die Rede ist, geht es meist um Ökologie und Nachhaltigkeit. Nachdem 1999 eine ökologische Sammelbewegung Daniel Cueff auf den Bürgermeistersessel gehievt hatte, geriet im beschaulichen Dorf einiges in Bewegung. In seiner über 20-jährigen Amtszeit leitete der beliebte Umweltpolitiker eine zukunftsträchtige Entwicklung ein. 2003 beschloss die Gemeinde, sich von der fossilen Energie zu verabschieden, im selben Jahr wurde eine neue Schule nach streng ökologischen Richtlinien gebaut, auf deren Dach der erste Sonnenkollektor der Bretagne installiert wurde. Heute sind in Langouët sämtliche kommunalen Gebäude mit erneuerbarer Energie ausgestattet.

Zur Pionierarbeit der Kommune passt auch La Pelousière, eine 2011 eingeweihte Öko-Siedlung ein Stück nördlich des Dorfs. Bauherr war Bruded, ein von Cueff mitgegründetes regionales Netzwerk, das eine nachhaltige Entwicklung in verschiedenen Bereichen fördert. Die zwölf Häuser und sechs Wohnungen mit den bunten Fensterläden – emissionsfreie Naturmaterialien, Sonnenenergie und Holzfeuerung sind selbstverständlich – waren von Anfang an für Käufer und Mieter mit geringem Einkommen gedacht. Als kostensparende Maßnahme wurden die Eigentümer verpflichtet, unter Anleitung von Professionellen selbst Hand anzulegen, 30 Arbeitstage in ihr Haus zu investieren – oder in das des Nachbarn.

In Langouët denkt man inzwischen weiter, ein nächstes Projekt ist lanciert. Nachdem seit 2015 ein Gesetz den Kommunen erlaubt, Kredit aufzunehmen, wurde eine Crowdlending-Kampagne für eine weitere Öko-Siedlung gestartet.

Die Bewohner von La Pelousière haben sich mittlerweile daran gewöhnt, dass gelegentlich Neugierige vorbeischauen. Solange man freundlich grüßt, nicht in die Grundstücke eindringt und vielleicht fragt, bevor man ein Foto macht, spricht nichts gegen einen Spaziergang, der meist im nahen Wäldchen endet.

Adresse La Pelousière, 35630 Langouët | Anfahrt 20 Kilometer nördlich von Rennes, über die D 137 erreichbar | Tipp Im Zentrum liegt das von Freiwilligen betriebene, lebhafte »Café Associatif La Cambuse« (Öffnungszeiten unregelmäßig).

41 Der Rundtempel

Rätsel rund um die Rotunde

Die Interpretationen der malerischen Ruine sind vielfältig. Sprachwissenschaftler verwiesen auf die Etymologie des Ortsnamens Lanleff, der sich ebenso gut auf eine »Einsiedelei am Fluss Leff« zurückführen ließe wie auf einen »Tempel der Schreie«. Es wäre demzufolge möglich, dass hier Druiden ihren Göttern Menschenopfer dargebracht hätten. Allerdings hat man noch nirgendwo von druidischen Tempelbauten gehört. Andere tippten auf ein frühchristliches Baptisterium. Das wäre in einer größeren Stadt durchaus denkbar, aber ein solcher Riesenbau mitten in der bretonischen Pampa? Eine Kirche des Templerordens vielleicht, oder hatten die Architekten die Grabeskirche von Jerusalem vor Augen?

Letzteres gilt heute als wahrscheinlich. Die Datierung des »Tempels«, wie die Ruine von Lanleff genannt wird, auf Ende des 11. oder Anfang des 12. Jahrhunderts gilt als gesichert; der Bau könnte also knapp nach dem Ersten Kreuzzug errichtet worden sein. Im Jahr 1099 nahmen die Kreuzritter Jerusalem ein und sahen dort den teilweise zerstörten Rundbau über dem Ort, der als Grab Christi verehrt wird. Dass der Rundtempel von Lanleff eine Reminiszenz an die Grabeskirche von Jerusalem ist, könnte also durchaus stimmen.

Das Dach ist der Rotunde schon längst abhandengekommen, aber die beiden konzentrischen, von Arkaden durchbrochenen Rundmauern, von denen die innere noch intakt ist, geben auch so ein harmonisches Bild ab. Meist übersehen die Besucher die Kapitelle der Stützsäulen. Einige zeigen ein geometrisches Dekor, bei anderen kann man in Umrissen Figürliches erkennen, beides ist typisch für den romanischen Kirchenbau. Die Darstellungen sind teilweise bis zur Unkenntlichkeit verwittert. Vier von ihnen sind als originalgetreue Reproduktionen vor der Rotunde ausgestellt: zwei Vögel in der Balzzeit, zwei kopulierende Tiere, die Geburt der Eva und ein sehr schamhafter Adam.

Adresse 22290 Lanleff | **Anfahrt** 12 Kilometer südlich von Paimpol, Abzweig von der D 7 | **Tipp** Sechs Kilometer östlich von Lanleff, an der D 21, liegt die Kapelle von Kermaria mit einem nur noch teilweise erhaltenen, aber eindrücklichen Totentanzfresko.

42 Die Destillerie Warenghem

Bretonischer Whisky im Aufwind

Die Schotten schreiben »Whisky«, die Iren schreiben »Whiskey«, und beide beanspruchen für sich die Erfindung der Spirituose. Als gesichert gilt, dass es Kelten waren, die aus Getreidemaische den edlen Schnaps destillierten, und zu den Kelten gehören neben den Schotten und Iren auch die Bretonen. Die Destillerie Warenghem brachte 1987 den ersten bretonischen Whisky auf den Markt. Das feuchte Klima der Bretagne sei schließlich ähnlich wie jenes der schottischen Westküste, befand man und hielt sich vielleicht deshalb an die schottische Schreibweise.

Die Geschichte der Destillerie Warenghem ist jedoch viel älter als die ihrer Whiskys. Das erste Produkt des 1900 gegründeten Unternehmens war das »Elixir d'Armorique«, ein Digestif, der mit den Jahren verfeinert wurde und noch heute im Regal steht. 35 Pflanzen finden Eingang in das mehrfach ausgezeichnete Flaggschiff der Brennerei, die sich in den folgenden Jahrzehnten vom familiären Kleinbetrieb zu einem regional beachteten Unternehmen auswuchs. Die große Wende leitete 1987 der »WB« (Whisky Breton) ein, der erste in Frankreich produzierte Whisky, ein Verschnitt aus 25 Prozent Malt- und 75 Prozent Getreidewhisky, dem 1998 der Single-Malt-Whisky folgte. Heute zeigt die Produktpalette von Warenghem neun verschiedene Whiskys, daneben Liköre, Pommeau und natürlich Chouchen, das klassische bretonische Getränk aus Apfel und Honig, das schon die Druiden der Kelten brauten.

Hauptlieferant der Eichenfässer ist der letzte noch arbeitende Küfer der Bretagne, das Holz kommt aus bretonischen Wäldern. Derzeit wird aber auch mit 20-jährigen Eichen aus amerikanischen und spanischen Wäldern experimentiert. Ob diese den hohen Anforderungen von Warenghem genügen, entscheidet in letzter Instanz der hauseigene Maître de Chai.

Adresse Route de Guingamp, 22300 Lannion | Anfahrt südlich der Rosa-Granit-Küste, circa 10 Kilometer von Perros-Guirec | Öffnungszeiten Shop: Mo – Fr 10 – 12.30 und 14 – 18.30 Uhr (Juli, Aug. auch Sa, Okt. – März bis 17.30 Uhr), Führungen (auch auf Deutsch) April – Juni, Sept. 11.30, 15, 17 Uhr, Juli, Aug. 11.30, 15, 16 ,17 Uhr, Okt. – März 14.30, 16 Uhr, Voranmeldung obligatorisch, Tel. +33 (0)296370008 | Tipp Die schönsten Häuser von Lannion stehen an der Place Leclerc. Dort findet man in der Bäckerei »Au Cœur des Saveurs« einen hervorragenden Kouign-amann (bretonischer Kuchen).

43 Der Judenaltar

Gedränge unter dem Gekreuzigten

Larmor-Plage ist vor allem ein Badeort für die Bevölkerung von Lorient. Die Kirche Notre-Dame mit ihrem wuchtigen Turm wird nur selten aufgesucht. In früheren Zeiten war sie ein beliebter Wallfahrtsort für Seeleute, unterlag aber bereits im 17. Jahrhundert der Konkurrenz von Sainte-Anne-d'Auray, das noch heute eines der größten Pilgerziele der Bretagne ist. An die Zeiten der Larmor-Wallfahrten erinnern in der Kirche die Schifflein, die von der Decke hängen, einige Ex-Voto-Tafeln, vor allem aber das große Retabel hinter dem Hauptaltar, auf dem die Jungfrau Maria Seeleuten in Not beispringt beziehungsweise ihnen erscheint. Meist übersehen wird ein kleineres Retabel im linken Querschiff, das von den Einheimischen als »Judenaltar« bezeichnet wird.

Auf bemaltem Holz sind auf engstem Raum 38 Figuren versammelt, hoch oben der Gekreuzigte, flankiert von den Kreuzen mit den beiden Verbrechern (den Schächtern), der eine hat bereut und somit halbwegs Ruhe, der andere lästert über Jesus und krümmt sich unter Schmerzen. Das Retabel entstand im 16./17. Jahrhundert, Jerusalem im Hintergrund zeigt sowohl Kuppeln als auch Minarette, die gedrängte Menge am Fuß des Kalvarienbergs ist zeitgenössisch gekleidet. Die Guten auf der rechten Seite machen zufriedene, die Schlechten auf der linken Seite eher düstere Gesichter. Fachleute entdecken anhand von Details Vertreter bestimmter Berufe oder eines sündigen Lebenswandels: hier ein Priester, dort ein Lüstling (Wollust) und dort wiederum eine Kokotte (Eitelkeit). Das mag alles stimmen oder auch nicht, der Laie staunt einfach angesichts des kleinen Meisterwerks.

Warum die Figurengruppe, die offiziell als »Retabel der Passion« bezeichnet wird, im Volksmund zum »Judenaltar« wurde, weiß heute keiner mehr. Aber Juden sind schließlich auf allen Darstellungen der Passions- und Kreuzigungsgeschichte zu sehen, und nicht zuletzt war Jesus selber einer.

Adresse Place des Tilleuls, 56260 Larmor-Plage | Anfahrt an der Südküste, zur Agglomeration Lorient gehörend | Tipp Nur drei Minuten sind es zu Fuß zum Strand von Port-Maria.

44 Die Villen von Kernevel

Der Obernazi im Sardinenschloss

Als Ensemble werden die drei stattlichen Villen – die Villa Kerozen links, die Villa Kerlilon in der Mitte, die Villa Margaret rechts – vom Volksmund als »Sardinenschloss« bezeichnet, sie sind alle mit dem Namen Auguste Ouizille verknüpft, der sein Vermögen im Sardinenhandel machte. Kerozen, die älteste der drei und früher mit einer Konservenfabrik verbunden, ist heute eine Hôtel-Résidence der Marine und ebenso wenig zugänglich wie Kerlilon, Schmuckstück des Ensembles und Sitz der Marinekommandantur. Öffentlich zugänglich bleibt die rot-weiße Villa Margaret: Das Pub dort wurde 2018 von einem Wirte-Duo übernommen, das nicht nur frischen Wind bringt, sondern auch draußen serviert; die Aussicht auf den Hafen ist schließlich phänomenal.

Im Zweiten Weltkrieg erkannten die deutschen Besatzer die strategisch günstige Lage Lorients für die Atlantikschlacht schnell. Mit gewaltigen Bunkern für ihre U-Boote bauten sie den Hafen zum Stützpunkt für ihre Marine aus. Oberster Befehlshaber war Karl Dönitz. Die Kommandanten der Nazis beanspruchten in den besetzten Gebieten stets die luxuriösesten Häuser für sich. So auch Dönitz, der die drei Villen von Kernevel kurzerhand für seinen Stab requiriert. Kerlilon ist die schönste, die gebührt also ihm. Ab November 1940 residiert er in der Villa. Als die ersten feindlichen Bomben fallen, dirigiert er seinen U-Boot-Krieg von einem Bunker unter dem Garten aus. Im März 1942 wird Dönitz zum Admiral befördert und fährt nach Deutschland zurück. Nach Hitlers Selbstmord wird er dessen Nachfolger, für ein paar Tage nur, dann lässt er die Kapitulationsurkunde unterzeichnen. Im Nürnberger Prozess wird er als einer der Hauptkriegsverbrecher angeklagt.

Lorient wurde von den Alliierten praktisch vollständig in Schutt und Asche gebombt und nach dem Krieg neu aufgebaut. Überlebt haben die Betonkolosse für die U-Boote und – was an ein Wunder grenzt – die Villen von Kernevel.

Adresse Port de Plaisance de Kernevel, 56260 Larmor-Plage | Anfahrt an der Südküste, zur Agglomeration Lorient gehörend | Tipp Schick und nicht mal teuer ist das Bar-Restaurant La Base auf dem Gelände der U-Boot-Basis gegenüber.

45 Die alte Hängebrücke

Von Baustelle zu Baustelle zum Erfolg

Am 1. Oktober 1840 verlor der Fährmann von Le Bono seinen Job. An diesem Tag wurde die mit Genehmigung des Bürgerkönigs Louis Philippe gebaute Hängebrücke über den Bono-Fluss eröffnet. Die Belastungsprobe von 28 Tonnen hatte sie bestanden, und der Konzessionär, ein gewisser Le Pontois, durfte für sein finanzielles Engagement laut Vertrag die nächsten 98 Jahre den Brückenzoll einstreichen. Zumindest anfangs lagen die Einnahmen wahrscheinlich unter den Erwartungen. Zwar wurde der Weg über die Brücke als kürzeste Verbindung zwischen Auray und Lorient gepriesen, doch es mangelte an der Fortsetzung, an einer karrentauglichen Straße von Le Bono nach Auray. Als eine solche zehn Jahre später fertiggestellt war, zeigte die Brücke bereits Reparaturbedarf. Später setzte ihr ein Unwetter dermaßen zu, dass ihre Belastung 1869 limitiert werden musste: Mehr als fünf Fußgänger durften nicht gleichzeitig auf ihr stehen.

1870 wurde dann umfassend renoviert, die alten Tragseile durch dickere ersetzt, stabile Brückenpfeiler gebaut, das alles hielt eine Zeit lang – bis zum Aufkommen des Automobilverkehrs. Also wurde das Bauwerk 1925 erneut verstärkt, zusätzliche Seile wurden gespannt. Eine spürbare Entlastung trat erst 1969 mit der weiter flussabwärts gebauten neuen Brücke ein, über die der Verkehr heute noch rollt. 2003 war die alte Brücke schon wieder baufällig geworden, sodass sie für eine nächste Renovation gesperrt werden musste. Seit 2005 präsentiert sie sich nun als schmucke, autofreie Fußgängerbrücke. Oft repariert, hält das mehrfach geflickte, bald 180 Jahre alte Bauwerk stand – vorerst.

Die Verankerung der Brücke ist beeindruckend, noch beeindruckender aber ist der Blick von ihr hinunter auf den Hafen und hinüber auf die neue Brücke. Der Spaziergang lässt sich im Wald auf der anderen Seite fortsetzen: rechts zu einem Schiffsfriedhof, links zu einem Bestattungswald.

Adresse D 101E, 56400 Le Bono | **Anfahrt** an der Südküste, 16 Kilometer westlich von Vannes, über die D 101 erreichbar | **Tipp** Vor der Brücke rechts 200 Meter dem Flussarm entlanggehen: Am anderen Ufer zeigt sich ein Schiffsfriedhof.

46 Das Taufbecken

Alttestamentarische Geographie

Der Spaziergang durch den Ortskern mit seinen schiefergedeckten Häusern ist kurz, nur 300 Meter sind es vom Marktplatz bis zum Meeresarm hinunter. Dort steht die Kirche Saint-Sauveur, deren trutziges Äußere einzig vom schlanken Glockenturm gemildert wird. Im Inneren der Kirche stößt man auf eines der schönsten Taufbecken der Bretagne.

Das von einem Holzbaldachin geschützte, ovale Juwel aus Kersantit zeigt einen Skulpturenschmuck, der enträtselt werden will. Hilfreich dabei ist die Kenntnis der alttestamentarischen Genesis. Nachdem Gott den Garten Eden geschaffen hatte, wollte er ihn ausreichend bewässern. So teilt sich der Strom des Paradieses in vier Hauptflüsse, die auf den Banderolen des Taufbeckens in französischer Sprache benannt werden. Auf Deutsch heißen sie Pischon, Gihon, Tigris und Euphrat. Die beiden letzteren sind noch heute unter ihrem Namen bekannt. Der Gihon wird von der Forschung als Nil identifiziert, während die Lokalisierung des Pischon umstritten ist. Einige verlegen ihn in den Kaukasus, andere in den südlichen Iran, wieder andere sehen in ihm den Ganges.

Auch die Tierwelt wirft Fragen auf. Schlangen zieren in zahlreichen Kirchen das Taufbecken. Sie gelten gemeinhin als Symbol für das Böse, das mit der Taufe seine Macht verliert. Die auffälligen Schlangen hier, so behauptet die Informationstafel, symbolisieren die Auferstehung Christi und das neue Leben des Getauften – was nicht ganz dasselbe ist. Der Vogel über dem Cherub – die Taube, die Noah das Ende der Sintflut ankündigt? Und der Hund, der einem Hirsch hinterherjagt? Noch mehr entdeckt, wer unter das Taufbecken kriecht, was nicht jedermanns Sache ist, zumal wenn andere Besucher im Raum sind.

Die Ostseite des Beckens wurde während der Französischen Revolution beschädigt. Die Bleiröhre an der Westseite dient einem ganz praktischen Zweck: Über sie wird das gebrauchte Taufwasser entsorgt.

Adresse 29590 Le Faou | Anfahrt von Brest in südöstlicher Richtung 30 Kilometer auf der N 165 | Tipp La Frégate im Ortszentrum wurde mehrfach als beste Crêperie der Bretagne ausgezeichnet. Reservierung dringend empfohlen. Tel. +33(0)298810909 (Mo – Mi geschlossen).

47 Die Biscuiterie

Die Neuinterpretation des bretonischen Biskuits

Das moderne Gebäude am Kreisel erinnert an nüchterne Bauten in der Gewerbezone. Umso größer ist die Überraschung innen: eine dezent gestaltete, großzügige Ausstellungsfläche, in der man sich nicht zwischen Regalen durchzwängen muss, um jedes einzelne Produkt zu sehen, das die kreative Biscuiterie des Vénètes im Angebot hat. Selbstverständlich ist der Kouign-amann vertreten, der berühmte bretonische Butterkuchen, daneben aber auch die »Madeleine bretonne«, die dunkler ist als die klassische Variante, die bei Proust Erinnerungseruptionen auslöste. Weithin unbekannt ist der »Gochtial«, halb Brot, halb Biskuit, eine Spezialität von der nahen Halbinsel Rhuys. Unter den Eigenkreationen der »P'tits Vénètes« findet man ein dunkles Biskuit, in dem Ziegenkäse und Tintenfischtinte eine geglückte Verbindung eingehen. Spätestens hier ahnt der Besucher, dass das Backen von Biskuits ein höchst kreativer Job sein kann. Der Zutritt zum Labor ist aus Gründen der Hygiene verboten, aber man darf zusehen, wie hinter der Glaswand gearbeitet wird.

Madeleine und Xavier Gicquel demonstrieren mit ihrer Biscuiterie überzeugend, dass das bretonische Biskuit mehr ist als das, was man im Supermarkt als »Biscuit breton« findet. Sie recherchieren und experimentieren ausgiebig, bevor neue Produkte, rund ein halbes Dutzend pro Jahr, ins Regal gestellt werden. Die Biscuiterie des Vénètes, so schrieb ein Journalist treffend, würde das bretonische Biskuit »neu interpretieren«.

Zucker und Mehl sind biologisch zertifiziert, Butter und Salz kommen aus der Bretagne, Konservierungsmittel oder gar Farbstoffe bleiben außen vor. Da andere Betriebe aus der Region ebenfalls auf streng biologischer Grundlage arbeiten, kann Vernetzung nicht schaden. Die Biscuiterie stellt auch die Produkte gleichgesinnter Unternehmen in ihre Regale: Fischrillettes, Entenleber, Algenpastete und mehr. Platz ist schließlich genug.

Adresse 15, Rue de Lann Vrihan, 56450 Le Hézo | Anfahrt 15 Kilometer südlich von Vannes, an der Straße zur Halbinsel Rhuys | Öffnungszeiten Mo–Sa 9.30–12.30 und 14–19 Uhr | Tipp Die Gezeitenmühle von Kerentrech im Nachbarort Noyalo arbeitet zwar seit 1923 nicht mehr, ist aber wunderbar gelegen.

48 Das Ex-Kindergefängnis

Die dunkle Seite der Belle-Île-en-Mer

Vom Parking Les Glacis beim Busbahnhof führt ein kurzer Spaziergang zu einem weitgehend ummauerten Gelände. Scharfe Glasscherben auf der Mauer verhindern ein Hinüberklettern, aber wer sucht, findet einen Eingang und steht vor kasernenartigen Gebäuden. Dass die Glasscherben nicht einen Einbruch, vielmehr einen Ausbruch verhindern sollten, merkt der Besucher spätestens jetzt.

Die düstere Geschichte des Orts beginnt um 1820, als hier elsässische Sträflinge untergebracht waren, die, an eine Eisenkugel gekettet, auf der Insel bei Bauarbeiten eingesetzt wurden. 1848 wurden dann Revolutionäre des Juniaufstands hier eingekerkert, ihnen folgten 1870 die Revolutionäre der Pariser Kommune. Kaum waren diese in die überseeischen Strafkolonien verschifft, richtete man eine Erziehungs- und Ausbildungsanstalt für auf- oder straffällig gewordene Kinder ab 13 Jahren ein, jedenfalls dem Namen nach. Die angeblich pädagogische Institution erwies sich bald als veritables Kindergefängnis, das im August 1934 mit einer Revolte Schlagzeilen machte. Der äußere Anlass war recht banal: Ein Kind wurde verprügelt, weil es die Suppe stehen ließ und gleich zum Käse griff, andere solidarisierten sich mit ihm, und schließlich kletterten 55 Kinder über die Mauer in die Freiheit. Die Behörden riefen Einheimische und Touristen zu Hilfe und setzten für jedes eingefangene Kind ein Kopfgeld von 20 Francs aus. Jacques Prévert erinnerte mit seinem Gedicht »Chasse à l'enfant« an den Skandal. Mit dem boomenden Tourismus in den 1970er Jahren wollte man die Insel dann frei von derlei Anstalten haben. 1977 wurde das Etablissement endgültig geschlossen.

Die ehemaligen Räume und Zellen dienen seither als Wohnstätten für Minderbemittelte, Vereinsräume und anderes mehr. Vieles ist heruntergekommen, einiges wird renoviert, und am Rand des Geländes wurde eine ganz repressionsfreie Jugendherberge eingerichtet.

Adresse Haute-Boulogne, 56360 Le Palais | **Anfahrt** von Quiberon mit der Fähre nach Le Palais | **Tipp** Der Inselbus (Linie 3) fährt mehrmals täglich in 24 Minuten zur Plage des Grands Sables, dem größten Strand der Insel.

49 Die Siebenschläferkapelle

Wo Muslime und Christen gemeinsam wallfahren

Davon kann man nur träumen: 177 Jahre schlafen und dann wieder aufwachen. Solches erzählt die Legende der sieben Schläfer von Ephesus, die während der Christenverfolgung im 3. Jahrhundert in ihrem Versteck, einer Höhle, eingemauert wurden. Anderen Quellen zufolge schliefen die frommen Männer sogar 372 Jahre lang. Ähnliches berichtet der Koran in seiner 18. Sure. Dort dauert der Schlaf 309 Jahre. Im Unterschied zur christlichen Legende wird Ephesus nicht erwähnt, dafür gesellt sich zu den muslimischen Schläfern ein Hund.

Die sieben Schläfer, natürlich die christlichen, stehen mit Maria über dem Altar der 1703 gebauten Kapelle. Diese wurde auf einem Vorgängerbau aus dem 6. Jahrhundert errichtet, der heute ihre Krypta ist. Die Krypta wiederum hat auch einen Vorgänger: Wände und Decke sind Teile eines Dolmens aus der megalithischen Epoche und werden zwischen 5000 und 2000 vor Christus datiert. Der Blick durchs Gitter fällt auf den Altar der Krypta, wo die sieben Schläfer mit Maria zusammen noch einmal posieren, im Gegensatz zu den neueren Statuen in der Kapelle oben sind sie ziemlich lädiert.

Seit Langem schon war der jährliche Pardon, wie die Prozession in der Bretagne genannt wird, zu den sieben Schläfern eine lokale Tradition, als 1953 der renommierte Orientalist und Islamwissenschaftler Louis Massignon auf die Verwandtschaft von Koransure und Legende aufmerksam machte. Die doppelte Geschichte der sieben Schläfer brachte ihn 1954 dazu, Muslime zum Pardon nach Le Vieux-Marché einzuladen, der seither als islamisch-christlicher Pardon gefeiert wird. Nach der Messe tritt stets ein Imam auf, der die 18. Sure liest. Vor den sieben Schläfern in der Krypta steht eine Tafel, deren Schriftzeichen auf den ersten Blick an eine orientalische Kalligrafie denken lassen. Wer länger hinsieht, liest das Wort: »Paix« (Frieden). So wird Massignon seine Initiative gemeint haben.

Adresse 22420 Le Vieux-Marché | Anfahrt circa 25 Kilometer südlich von Perros-Guirec, von dort über Lannion auf die D 11, nach circa 11 Kilometern links abbiegen | Öffnungszeiten 10–19 Uhr | Tipp 15 Kilometer südöstlich liegt der Menez-Bré, mit 302 Metern der höchste Berg der Gegend und ein beliebtes Ausflugsziel.

50 Le Poète ferrailleur

Der Griff nach den Sternen

Als Fünfjähriger träumte der 1954 in Lizio geborene Robert Coudray von einer Karriere als Radrennfahrer oder Priester. Der Radlertraum endete mit einem gebrochenen Schlüsselbein, und mit 17 Jahren verwarf er auch die geistliche Alternative; die Freiheit war ihm wichtiger. Er wurde Biobauer, Bienenzüchter, Crêpier und anderes mehr, machte eine seriöse Ausbildung als Steinmetz, später war er auch Cineast. Heute nennt er sich »Poète ferrailleur«, ein Poet, der mit Schrott arbeitet.

Einen Vorgeschmack gibt schon die skurrile Skulptur an der Straße: Ein Rennfahrer fliegt durch die Luft, und dies auf einem aberwitzigen Dreirad mit Flügeln, das zusätzlich zum Kettenantrieb auch über einen Propeller verfügt. Im Universum des »Poète ferrailleur« sind viele aus Altmetall und anderem Abfall der Wegwerfgesellschaft zusammengebastelte Vehikel zu sehen, zwittrige Gefährte wie ein Schiff mit Fahrradantrieb. Oft setzen sie sich auf Knopfdruck in Bewegung, leise surrend oder laut ratternd. Fliegen ist ein alter Traum des Menschen, Coudray konstruiert, scheitert und kommentiert poetisch: »Mein Traum wird schwer … / … und ich bleibe da, auf der Erde, / selbst wenn ich Wurzeln schlage / weil ich nicht abheben kann … // Morgen / probiere ich wieder / ich baue eine andere Maschine, / und diesmal ist es sicher, / sie wird davonfliegen / höher als der Kirchturm …« Der Mann, der bescheiden von sich behauptet, er sei weder Künstler noch Poet, ist eindeutig beides.

Ein Rollstuhl mit Flügeln und Ventilatoren, ein Gassenjunge auf einem Pferd mit einer Bürste als Mähne, einem Suzuki-Auspuff als Körper und eleganten Damenschuhen an den Hinterbeinen – das ist Recycling-Kunst vom Feinsten. »Ich verlange ja nicht den Mond, nur ein paar Sterne«, hat Coudray selbstironisch einen Film über sein Werk betitelt. Der Satz könnte am Eingang zu seinem phantastischen Universum stehen.

Adresse La Ville Stéphant, 56460 Lizio | Anfahrt circa 40 Kilometer nordöstlich von Vannes zwischen Le Roc-Saint-André und Lizio, auf der N 166 bis Saint-Abraham, dann links abbiegen | Öffnungszeiten April–Juni und Sept., Okt. täglich 14–18 Uhr, Juli, August täglich 9.30–10 Uhr | Tipp Bretonisches Bier gibt's in der Brauerei Lancelot in Le Roc-Saint-André (Mo–Fr 10–12.30 und 13.30–17 Uhr).

51 Die Kirche Saint-Sauveur

Eine kühne Kirchenarchitektur

Die Kombination ist gewagt: eine Ruine, Beton, ein Schieferdach, helles Holz, Glas und ein gefliester Kirchenboden, der jeder Küche gut anstünde. Dass die Kirche gleich zwei Portale hat, von denen heute keines mehr benutzt wird, verwirrt den Betrachter zusätzlich.

Ursprünglich handelt es sich um einen doppelten Bau. Neben der Kirche Saint-Sauveur, mit ihr über eine Arkade verbunden, stand die ungefähr gleich große Kapelle Saint-Colomban, bis ins 19. Jahrhundert ein beliebter Pilgerort. Colomban, den heute noch die lokale Fußballmannschaft in ihrem Namen trägt, heilte angeblich die Verrückten, worunter man von geistig Behinderten bis zu Epileptikern so ziemlich alles verstand. Erst die französischen Revolutionäre sprengten die Eisenringe, an die gekettet die Kranken jeweils neun Tage lang in der Kapelle ausharren mussten.

Die Kirche Saint-Sauveur war schon lange baufällig. Als erstes Menetekel stürzte 1968 ein Teil des Dachs ein, dann krachte 1971 das Gewölbe auf die Kirchenbänke herunter. Darauf beschloss die Gemeinde einen Neubau, musste allerdings die beiden Portale, die als »monuments historiques« klassifiziert waren, stehen lassen.

Der beauftragte Architekt, Maurice Thomas, löste seine Aufgabe mit Bravour. Das gestaffelte Schieferdach, das fast bis zum Boden reicht, wird geschickt durch teils bemalte Fensterreihen unterbrochen, die viel Licht ins Kircheninnere lassen. Dort wird die Dachform optisch durch die im schrägen Winkel auf den erhöhten Hauptaltar zulaufenden Bankreihen unterstrichen. Im südlichen Teil schließt sich eine große Kapelle an, die Holzlehnen der Bänke dort sind beweglich, sodass der Kirchenbesucher entweder einen Blick auf den Hauptaltar hat oder auf das weiß-goldene Retabel der Kapelle. Beim Verlassen der Kirche blickt man durch das Glasfenster der Rückwand wieder in vergangene Zeiten, auf die Ruine des alten Portals.

Adresse Place du Vieux-Marché, 56500 Locminé | Anfahrt circa 30 Kilometer nördlich von Vannes, über die D 767 erreichbar | Tipp Gleich neben der Kirche sind die Wäscherinnen zugange – ein wunderschönes Trompe-l'Œil-Gemälde.

52 Das Galway Inn

Ein irisches Lehrstück in Sachen Kneipenleben

Hinter der Theke grüßen Oscar Wilde, W. B. Yeats und andere Herren, die gern in irischen Pubs verkehrten. Die Wände sind voller Bilder, Spiegel und anderem mehr, kaum ein Quadratzentimeter ist frei. Von der Decke hängen verschieden gewürzte Würste aus der Auvergne, und gezapft wird das Bier als »Demi« oder als »Pint«. Ein Bier gegen den Durst, ein zweites mit der Wurst, beim dritten spätestens beginnt man, sich heimisch zu fühlen.

Padraig Larkin aus dem irischen Galway steht seit 1988 hinter der Theke, zapft Bier und unterhält sich mit seinen Stammkunden und zufälligen Gästen. Sein Galway Inn ist in Lorient längst zu einer Institution geworden. Einheimische jeden Alters kommen hier vorbei. Iren, die in die Bretagne reisen, haben zu Hause schon vom Galway Inn gehört und suchen das alte Steinhaus auf, das abseits des Stadtzentrums in einem grauen Wohnquartier steht. Die wenig ideale Lage kümmert Padraig Larkin nicht weiter. Er weiß: Wer einmal im Galway Inn war, wird wiederkommen. 2004 schaute sogar Irlands Präsident Michael D. Higgins samt First Lady vorbei, um bei seinem Landsmann ein Bier zu trinken.

Von der Bar gelangt man in weitere Räume, wo mehr Platz für ein Tête-à-Tête oder die einsame Arbeit am Laptop ist. An Dienstagen wird hier meist gespielt und gepokert, an Donnerstagen kommt oft das Piano, das in der Ecke steht, bei Livemusik zum Einsatz. Dann ist das Galway Inn brechend voll.

Bei schönem Wetter aber wird gleich draußen musiziert und getrunken. Der verspielte Garten des Galway Inn ist eine Welt für sich. Efeuumrankte Spiegel vergrößern ihn optisch, irgendwo steht verloren ein ramponiertes Klavier, abends sorgt eine ambulante Crêperie oder eine Tapasbar für das Wohl der Gäste. Die fahrenden Wirte arbeiten auf eigene Rechnung. Der Wirt des Galway Inn stellt ihnen einen Platz zur Verfügung, die Kundschaft im Garten holt sich schließlich das Bier bei ihm an der Theke.

Adresse 18, Rue de Belgique, 56100 Lorient | **Anfahrt** an der Südküste, 1 Kilometer nordwestlich des Bahnhofs | **Öffnungszeiten** täglich 17–1 Uhr | **Tipp** In Lorient legt die Fähre zur Île de Groix ab, der vielleicht schönsten der bretonischen Inseln.

53 Die Kirche Saint-Gilles

Bestiarium an der Kirchenmauer

Die heute oft verwitterten Figuren, die man an romanischen Kirchenmauern und Kapitellen sieht, lassen nicht selten auch bibelfeste Betrachter ratlos zurück. In Malestroit helfen erklärende Texte bei der Interpretation der wunderlichen Welt, die Steinmetze im 12. Jahrhundert schufen. Der Mann, der so furchtlos ins Maul eines Löwen greift, ist zweifellos Samson, dem auf dem Weg zu einem Philisterweib, das seinen Augen gefiel, ein brüllender junger Löwe begegnete. Samson »zerriss ihn, wie man ein Böcklein zerreißt, und hatte doch gar nichts in seiner Hand«, übersetzt Luther und erzählt dann vom gefundenen Honig im Leib des Raubtiers. Auch die Texttafel erwähnt den Honig und deutet dann die Allegorie: »So tritt die Nächstenliebe an die Stelle der Kraft.« Der steinerne Akrobat an der Kirchenmauer ist vom rechten Weg abgekommen, um in die Finsternis des Bösen einzutauchen. Zwei Phönixe mit menschlichen Masken symbolisieren die Hoffnung und vierteilen eine Amphibie, die für die Sünde steht – eine Allegorie auf die Wollust.

Die Erklärungen sind nicht immer einleuchtend, und manchmal wird auch erklärt, wo es nichts mehr zu sehen gibt: Zwei Kröten würden auf dem Weg zur Hölle die entblößten Brüste einer Ehebrecherin fressen – die Darstellung ist leider so verwittert, dass schlichtweg nichts mehr auszumachen ist. Eine besondere Überraschung verspricht ein Drache, der das Goldene Kalb gefangen hält. Exakt um 15 Uhr soll sich hier auf der Mauer als Schatten das Profil Voltaires abzeichnen. Wir warteten, sahen auf die Uhr, die Sonne schien, die Kirchenuhr schlug die richtige Stunde – der große Spötter erschien nicht.

Im Kircheninneren stößt man auf weitere Rätsel. 2011 wurden im Gewölbe Fresken aus dem 13. Jahrhundert freigelegt, unter anderem ein kräftiges Tier, das einen Turm auf den Rücken geschnallt hat. Es soll sich um einen Kampfelefanten handeln.

Adresse Place du Bouffay, 56140 Malestroit | Anfahrt 40 Kilometer nordöstlich von Vannes, Abzweig von der N 166 | Tipp Ebenfalls an der Place du Bouffay steht das Fachwerkhaus La Truie qui file aus dem 15. Jahrhundert mit grotesken Holzskulpturen.

54 Das Théâtre du Costume

Im Kosmos einer begnadeten Couturière

Bühne frei für ein großes Theater, das den Besucher vom Mittelalter bis zu den Anfängen des 20. Jahrhunderts führt. Es treten auf: Ritter, Hofdamen, Seigneurs, sämtliche französischen Könige und gemeines Volk. Die Figuren, im Maßstab 1:3, bei den großen Szenenbildern 1:7 modelliert, sind allesamt akkurat im Stil ihrer Zeit gekleidet.

Carolyne Morel, 1929 geboren, hat diesen wunderbaren Kosmos in jahrelanger Handarbeit ohne fremde Hilfe geschaffen. Sie hat die Moden der jeweiligen Epoche studiert und ist vor allem eine begnadete Couturière. Nach einer Lehre als Schneiderin fand sie eine Anstellung bei Christian Dior, dem Modezaren der Nachkriegszeit, für den sie bis zu seinem Tod 1957 arbeitete. Ihr Atelier im Pariser Künstlerviertel Montmartre war daraufhin bei Theater- und Filmschaffenden eine gefragte Adresse. 1992 kam sie nach Moncontour, um die Kostüme für das »Musée de la Chouannerie et de la Révolution« (derzeit geschlossen) zu realisieren – und blieb. Schließlich eröffnete sie 2005 ihr eigenes Museum, dessen farbenfrohe Bewohner sie auch heute noch, mit über 90 Jahren, vermehrt.

Den besten Einblick in das vielfältige Schaffen Carolyne Morels gibt die »Saga des Seigneurs de Belair de Kermalec«: Die einzelnen Szenenbilder erzählen vom Tod des im Kampf verwundeten Schlossherrn, von der Vermählung seines Sohns, vom Leben im Schloss. Die Braut wird im Badezuber von einem Höfling mit Wasser begossen und auf ihre künftigen Pflichten als Ehefrau vorbereitet. Ein Ritterturnier schließt den Zyklus ab.

Die Gemeinde hat zugesichert, das einzigartige Museum dereinst zu übernehmen. Dass ihr Lebenswerk aus Sicherheitsgründen hinter Glas ausgestellt werden soll, gefällt der betagten Künstlerin allerdings ganz und gar nicht. »Meine Figuren in Vitrinen«, nein, da wolle sie lieber zum Trotz erst einmal 100 Jahre alt werden – was Carolyne Morel durchaus zuzutrauen ist.

Adresse 13, Rue du Dr Sagory, 22510 Moncontour | **Anfahrt** 25 Kilometer südlich von Saint-Brieuc an der D1 | **Öffnungszeiten** täglich 14–18 Uhr | **Tipp** Ein anderes theatralisches Interieur zeigt die Bar »Le Contre Temps« im Ortszentrum – Witz mit Philosophie.

55 Die Ex-Tabakmanufaktur

Viele Räume und eine schöne Treppe

Könige brauchen Geld, um Kriege zu führen und auch um ihren Hofstaat zu unterhalten. Also lassen sie Steuern eintreiben, und die Besteuerung von Tabak war schon immer ein probates Mittel, die Staatsfinanzen zu sanieren. So entstand in den Jahren 1736 bis 1740 in Morlaix die Manufacture Royale des Tabacs, das »Royale« wurde nach der Französischen Revolution gestrichen. In der Blütezeit der Manufaktur um 1880 verarbeiteten rund 1.800 Beschäftigte meist weiblichen Geschlechts Tabakblätter zu Zigarren und Zigaretten, zu Schnupftabak und Kautabak. Mit der Einführung von Maschinen sank die Zahl der Zigarrendreherinnen, und nach der Auslagerung großer Teile der Produktion war der Niedergang nicht mehr aufzuhalten. Im Jahr 2004 schloss die letzte Werkstatt, und seither sieht man sich in Morlaix einem Problem gegenüber: Was tun mit dem 31.000 Quadratmeter großen Areal?

Ein Zusammenschluss dreier kultureller Verbände erlaubte es, in einem Trakt der Ex-Fabrik ein großes Kulturzentrum einzurichten, das 2022 weitgehend fertiggestellt war: drei Kinos, ein umwandelbarer Theater- beziehungsweise Konzertsaal, ein Probensaal, ein Restaurant, zwei Bars und eine Buchhandlung. Daneben haben mehrere Künstler ihr Atelier eingerichtet. Ein Verein zur Förderung der bretonischen Sprache und Kultur hat ein Obdach bekommen, ebenso ein Verlag. In einem anderen Trakt hat sich das Technologische Institut der Universität Brest niedergelassen, und die Stadt selbst plant auf einer Fläche von 2.800 Quadratmetern einen »Espace des Sciences«, der noch 2024 eröffnet werden soll.

Keinen Raum beansprucht das Street-Art-Duo Zag & Sia, das seine Trompe-l'Œil-Gemälde mit Vorliebe über Treppen laufen lässt. Von ihm stammt »La Morlaisienne« auf der Treppe in der Cour des Artistes. Die Stadt gab die Einwilligung hierzu, und so dürfte die schöne Dame in der lokalen Tracht über künftige Querelen hinweg erhalten bleiben.

Adresse 41, Quai du Léon, 29600 Morlaix | Anfahrt in einer Bucht der Nordküste gelegen, an der N 12 | Tipp Die Maison de la Duchesse Anne in der Rue du Mur ist innen noch sehenswerter als von außen (Juni – Mitte Sept. Di – Sa 14 – 18 Uhr, Mitte Sept. – Okt. Di – Sa 14 – 17 Uhr).

56__Die Cidrerie

Apfelduft in vierter Generation

Die Cidrerie Guillou-Le Marec mit der in ganz Frankreich bekannten Marke »Bolée de Paimpol« kann auf eine über 125-jährige Familientradition zurückblicken. Gründer des Unternehmens ist Joseph Guillou, der 1892 einen Handel mit selbst produziertem Cidre, vor allem aber mit Wein und Spirituosen aufzog, damals in Hafennähe. Schließlich gehörten neben den Bars und Restaurants auch die Islandfischer, die von Paimpol aus zur mehrwöchigen Grande Pêche aufbrachen und sich vorher noch mit Alkoholischem eindecken wollten, zu seiner Kundschaft. Jahrzehntelang war es vor allem der Handel mit Bordeaux-Weinen, der das Geschäft zum Blühen brachte. Dann eroberten in den 1980er Jahren Weine aus Algerien und Italien den lokalen Markt, das Geschäft floppte. Erst die Rückbesinnung auf die Ursprünge des Unternehmens, den selbst gemachten Cidre, leitete die Wende ein. Die Urenkel des Gründers, die heute die Cidrerie in vierter Generation leiten, hatten die Nase im Wind: Cidre erfreut sich in ganz Frankreich zunehmender Beliebtheit.

Derzeit werden rund 1.200 Tonnen Äpfel pro Jahr eingekauft, aus denen ungefähr eine Million Liter Cidre gepresst werden, der als »Bolée de Paimpol« in den französischen Supermärkten zu finden ist: rund 60 Prozent als Cidre brut, 20 Prozent als Cidre doux und 20 Prozent als Cidre biologique. Aperitifs und Digestifs mit Apfelgeschmack ergänzen das Angebot.

Ein kleines Museum dokumentiert die Geschichte der Cidrerie und den Weg des Apfels vom Obstgarten bis zum gegärten Getränk in der Flasche. Eine Besichtigung der Produktionshalle mit Pressen, Abfüllanlage und Etikettiermaschine sowie des Depots, wo ein Gabelstapler für Ordnung sorgt, schließt sich an. Nicht selten ist es die freundliche Anne-Sophie, die den Besuchern eine kompetente Führung anbietet. Sie ist die Ururenkelin des Gründers und dürfte dereinst in fünfter Generation das Unternehmen leiten.

Adresse Rue Pierre Mendès France, 22500 Paimpol | Anfahrt an der Nordküste, circa 45 Kilometer nordwestlich von Saint-Brieuc | Öffnungszeiten Mo–Fr 10–11.30 und 14–17.30 Uhr | Tipp Besteigen Sie nördlich von Paimpol, an der Pointe de l'Arcouest, eine Fähre und besuchen Sie die nahe Île de Bréhat – die Blumeninsel der Bretagne.

57 Merlins Grab

Wo der Unsterbliche bis in alle Ewigkeit ruht

Geboren ist er im Dunkel der keltischen Legenden. Seine Mutter hieß Adhan, vielleicht auch Hunith, sein Vater war vermutlich ein Inkubus, wie man die Dämonen nennt, die schlafende Jungfrauen vergewaltigen. Von ihm jedenfalls soll Merlin seine Zauberkräfte geerbt haben. In England baut er Stonehenge und geistert später durch die mittelalterliche Sagenwelt. König Arthur ist sein Schützling, möglicherweise gäbe es ohne Merlin keine Suche nach dem Gral. In der Neuzeit taucht er in Opern, Filmen, Comicstrips, Romanen und Fantasy-Erzählungen auf, vorübergehend nur verschwindet er im Nebel von Avalon. Kein Zweifel: Merlin lebt. Oder Merlin lebt nicht. Er ruht »im Innersten eines unzugänglichen Waldes gefangen«, wie eine Quelle verrät, und zwar »weder tot noch lebendig«. Soll noch einer klarkommen.

Erst im 19. Jahrhundert beginnt man das Grab des berühmten Zauberers in der Brocéliande, dem Wald von Paimpont, zu suchen. Einmal wird es im nahen Tréhorenteuc, einmal im sogenannten Tal ohne Wiederkehr vermutet, bis schließlich ein gewisser Félix Bellamy, ein bretonischer Chemiker, der sich nebenberuflich mit der Artussage befasst, den heute noch gültigen Standort bestimmt: hier und nirgendwo anders. Bellamy war auf megalithische Überreste gestoßen, die bald darauf, im Jahr 1900, auf einer Postkarte als Merlins Grab verkauft wurden. Lange wurde die Stelle geheim gehalten. Erst mit dem zunehmenden Tourismus erstellte man Wege, in neuester Zeit sogar Wegweiser und richtete das »Grab« etwas her: zwei Steinblöcke, etwas Farn und anderes Grün. Der Palisadenzaun rund um die Stätte symbolisiert den Bannkreis, in den Viviane, seine Geliebte, Merlin für alle Zeiten eingesperrt hat. Pilger haben ihre Gaben hingelegt: Vogelfedern, Tannzapfen, Kastanien, Steinchen … und irgendwo ist ein Wunschzettelchen eingeklemmt: Könnte ja sein, dass sich Merlin darum kümmert: Groß ist die Wahrscheinlichkeit allerdings nicht, und auch auf Viviane ist kein Verlass.

Adresse 35380 Paimpont | Anfahrt 45 Kilometer westlich von Rennes, erst auf der N 24 bis Plélan-le-Grand, dann weiter auf der D 38, in Paimpont links an der Straße der Beschilderung nach Saint-Malon-sur-Mel folgen | Tipp Fünf Fußminuten entfernt liegt der »Jungbrunnen«, ein weiterer magischer Ort.

58 Die Goldminenküste

Der ausgebliebene Goldrausch

Wer in der Abenddämmerung am Strand spaziert und auf die senkrecht abfallenden Felsen schaut, glaubt zu verstehen, warum die Küste so heißt. Die Sonne legt tatsächlich eine goldene Farbe über sie, das Herz des Romantikers schlägt höher. Ihren Namen verdankt die Goldküste aber nicht der Sonne, sondern tatsächlichem Gold.

Im Jahr 1851 analysiert ein gewisser Durocher den zinnhaltigen Sand von Pénestin und entdeckt Spuren von reinem Gold in ihm, ein halbes Gramm pro Kubikmeter. Eine Goldmine ist das nicht, aber genug für Charles Bonnefin, um im Folgejahr bei der Gemeinde Pénestin eine Konzession zu beantragen, er will den Sand ausbeuten. Die Gemeinde, die wohl nie alles für Gold hielt, was glänzt, zeigt sich großzügig und vermietet ihm einen Küstenabschnitt. Bis zu 15 Arbeiter sind damit beschäftigt, das Edelmetall, das ab und zu in Form winziger Pailletten im Sand schimmert, herauszuwaschen. Der Ertrag ist enttäuschend gering, 1914 wird das Unternehmen aufgegeben. Kein Goldrausch also, wie er – ungefähr gleichzeitig – Alaska in Aufregung versetzte.

Eher findet heute ein Goldminenküstenrausch statt, zumindest an sommerlichen Wochenenden ist einiges los am Strand. In der Vor- oder Nachsaison aber hat man Ruhe. Wer ausgiebig gebadet und Muscheln gesammelt hat, unternimmt einen Abendspaziergang, besser unten im Sand als oben auf dem Felsen, der so brüchig ist, dass die Gemeinde Warntafeln aufgestellt hat. Streckenweise mussten schon Abschnitte gesperrt werden.

Die Goldminenküste steht heute unter Schutz, nicht wegen möglicher verborgener Goldschätze, sondern wegen ihrer geologischen Einzigartigkeit. Sie liegt an der Stelle eines ehemaligen Flusses, der hier mündete und vor Jahrtausenden den zinnhaltigen Sand mit sich führte, in dem sich das bisschen Gold versteckte. Für das rötliche Schimmern des Felsens haben die Geologen eine nüchterne Erklärung: Eisenoxyd.

Adresse Rue de la Plage, 56760 Pénestin | **Anfahrt** an der Südküste, 50 Kilometer südöstlich von Vannes, die N 165 bei Ausfahrt Nummer 18 verlassen, dann über die D 139 und die D 34 | **Tipp** Knapp 20 Kilometer südöstlich liegt Saint-Lyphard, der Eingang zur Grande Brière, einer geschützten, von Kanälen durchzogenen Torflandschaft.

59 Port-Blanc

Wie ein Oratorium auf einen Felsblock kommt

Die meisten Touristen fahren von Tréguier auf direktem Weg nach Perros-Guirec und suchen dort die bizarren Steinformationen auf dem Zöllnerpfad auf. Der bessere Weg ist wie so oft der Umweg. Port-Blanc ist zwar kein Fischerörtchen mehr, aber die idyllische Lage ist geblieben. Diese entdeckte um 1900 schon der große bretonische Schriftsteller und Legendensammler Anatole le Braz, der hier seine Sommerresidenz aufschlug, zum Nachbarn hatte er den nicht minder berühmten Barden Théodore Botrel. Das Trio der historisch illustren Gäste vervollständigt der Chirurg und Nobelpreisträger Alexis Carrel, der sich 1919 mit dem Geld aus Stockholm gleich die vorgelagerte Insel Saint-Gildas unter den Nagel riss. Er schrieb dort 1935 seinen Weltbestseller »Der Mensch, das unbekannte Wesen«, in dem er sich Sorgen um die weiße Rasse macht und die Tötung von Geisteskranken vorschlägt.

Heutige Besucher begnügen sich meist damit, auf der Terrasse des ehemaligen Grand Hôtels einen Drink zu sich zu nehmen. Von hier aus genießt man den besten Blick auf das »Oratoire de la Sentinelle«, das sich in der Abenddämmerung orangerot einfärbt. Das markante Oratorium auf dem Felsen über dem Meer ist das Wahrzeichen von Port-Blanc, die religiöse Konnotation ist allerdings neueren Datums. Sowohl der Name – »sentinelle« heißt Wachposten – wie auch die Architektur verweisen auf die frühere Geschichte. Der Hafen von Port-Blanc wurde als Folge englischer Attacken bereits im 15. Jahrhundert befestigt, im 18. Jahrhundert bekamen die Wächter dann ihr Häuschen auf dem Felsen, von dem aus sie die Küste samt vorgelagerten Inseln überblicken konnten. Zu Beginn des 20. Jahrhunderts wurde der nicht mehr benötigte Wachposten zum Oratorium umgebaut. Den Platz der Wachleute teilen sich heute eine Muttergottes und der heilige Tugdual, einer der sieben »Gründerheiligen« in der bretonischen Sammlung von 999 Heiligen.

Adresse Boulevard de la Mer, Port-Blanc, 22710 Penvénan | Anfahrt an der Nordküste zwischen Tréguier und Perros-Guirec, von beiden Orten aus über Nebensträßchen erreichbar | Tipp Drei Minuten dauert der Spaziergang zur in den Boden »eingegrabenen« Chapelle Notre-Dame.

60__Die Cabanes de Quénécan

Über allen Wipfeln ist Ruh'

Gästezimmer findet man heute in ausrangierten Bahnwagen, in ehemaligen Gefängniszellen, in großen Weinfässern, eine exhibitionistische Variante sind transparente Plastikkugeln, versteckter übernachtet man in den dichten Baumwipfeln. Unter den französischen »hébergements insolites« (ungewöhnliche Unterkünfte), die seit einigen Jahren Konjunktur haben, nimmt die abgelegene Baumhütte den ersten Platz ein. Eltern versprechen sich ein Abenteuer für die ganze Familie, Romantiker genießen Waldesluft und Vogelgezwitscher, Zivilisationsgeschädigte testen, wie sich ein Leben ohne fließendes Wasser, Elektrizität, Facebook, Twitter und WhatsApp anfühlt.

Der dichte Wald am Ufer des Lac de Guerlédan ist ein idealer Ort fürs Experiment. Sechs Baumhütten in einer Höhe von 5 bis 14 Metern über dem festen Waldesboden stehen zur Verfügung, die kleineren sind ideal für zwei Personen, in den größeren finden bis zu fünf Gäste Platz. Ein bequemes Bett von 140 Zentimetern oder 160 Zentimetern Breite und eine regensichere Terrasse gehören bei allen Hütten zur Ausstattung, Zugeständnisse an das minimale Bedürfnis nach Komfort. Eine Heizung wird bei Bedarf bereitgestellt, eine Trockentoilette ist selbstverständlich. Nachts ist eine Taschenlampe nützlich, um auf dem Rückweg seine Cabane wieder- und sich dann in ihr zurechtzufinden.

Von welchen Gewohnheiten man sich mit einer Übernachtung im »hébergement insolite« verabschiedet hat, merkt man meist erst, wenn man sie entbehrt. Dafür entschädigt der Aufenthalt im duftenden Wald und eine Umgebung, in der es viel zu entdecken gibt. Wenn sich am Morgen das Vogelgezwitscher steigert, beginnt der neue Tag mit einem Frühstückskorb, den der Gast – am besten teilt man den gewünschten Inhalt der Wirtin vorab mit – nur noch heraufzuziehen braucht. Ein bisschen Luxus kann nicht schaden, Robinson musste für sein Frühstück erst auf die Jagd gehen …

Adresse Guénault, Les Forges des Salles, 22570 Perret | **Anfahrt** zwischen Rennes und Brest, von beiden 125 Kilometer entfernt, die N 164 bei Gouarec Richtung Bon-Repos verlassen, von dort der Beschilderung nach Perret folgen | **Öffnungszeiten** Rezeption: 15.30–18.30 Uhr | **Tipp** Ganz in der Nähe liegt Les Forges des Salles, ein stillgelegtes Dorf der Eisenherstellung (Mai, Juni und Sept. Sa, So 14–18.30 Uhr, Juli, Aug. täglich 14–18.30 Uhr).

61 Der Fischstand

Wo Frauen verkaufen, was Männer fischen

Das Häuschen, eher ein Unterstand am Hafen, ist unscheinbar, eine Verkaufstheke links, eine Verkaufstheke rechts, Waschbecken und Wasserschlauch. Viel mehr brauchen die paar Frauen in ihren gelben Gummischürzen nicht. In den Plastikkörben liegen Hummer, Krabben, Dorsche, Butte, Barsche, Seezungen, Rochen und Tintenfische, vielleicht auch einmal eine Lotte oder eine Languste – je nachdem, was der Fang am Morgen gebracht hat. Verglichen mit dem, was man auf dem Fischmarkt der Stadt zu sehen bekommt, ist das Angebot klein, dafür ist die Ware täglich frisch und stammt garantiert aus der unmittelbaren Region.

Einige Frauen arbeiteten früher als Sekretärinnen oder Hausfrauen, bevor sie sich für die gelbe Schürze entschieden, um den täglichen Fang ihrer Männer an die Kundschaft zu bringen. Der Direktverkauf funktioniert seit Jahren hervorragend. Kunden sind meist Einheimische oder Leute, die regelmäßig den Sommer in ihrem Ferienhaus in Perros-Guirec verbringen. Auch eine Hotelküche bezieht ihren Fisch hier, aber das ist eine Ausnahme. Hotels und Restaurants würden oft tiefgefrorenen Fisch anbieten, statt eines bretonischen Hummers käme einer aus England oder gar aus Kanada auf den Tisch, erzählt eine der Fischersfrauen. Am kleinen Fischstand mit der Aufschrift »Vente directe des Pêcheurs« darf der Kunde sicher sein. Der Fisch ist fangfrisch, gegen Mittag ist meist alles ausverkauft. Wenn nicht, kommt er in ein Frischwasserbecken oder in eine Kühlkammer, aber höchstens bis zum nächsten Tag.

Die Männer – einige bessern ihr Einkommen tagsüber mit einer Teilzeitbeschäftigung auf – sind von 3 bis 6 Uhr früh auf dem Meer zugange, dann kommen die gelbbeschürzten Frauen zum Einsatz. Natürlich ließe sich solche geschlechtsspezifische Arbeitsteilung diskutieren, aber sicher nicht mit den Frauen. Für sie bedeutet der kleine Fischstand schließlich mehr: Direktverkauf und Kundenkontakt machen ihn zu einem Ort des sozialen Lebens.

Adresse Rue Ernest Renan, 22700 Perros-Guirec | **Anfahrt** an der Nordküste, an der D 788 | **Öffnungszeiten** Di–So 8–12 Uhr | **Tipp** Westlich von Perros-Guirec beginnt der berühmte Zöllnerpfad, ein dreieinhalb Kilometer langer Spaziergang an den verrücktesten Gesteinsformationen vorbei nach Ploumanac'h.

62 Die Thermen von Le Hogolo

Römische Wellness

Ein Thermalbad direkt am Meer? Den Römern mit ihrer verfeinerten Badekultur war ein Bad im Meer offenbar nicht gut genug, zudem wollten sie die Temperatur des Wassers selbst bestimmen. Die Ruinen auf der Wiese an der Mündung des Douron-Flusses sind wie für ein Schulbuch freigelegt. Den didaktischen Text liefern einige Tafeln.

Der Bade-Parcours des kultivierten Römers beginnt im Apodyterium, wo er sich der Kleider entledigt. Dann schreitet er nackt ins Frigidarium, um sich etwas abzukühlen. Im Pediluvium wäscht er sich erst einmal die Füße, bevor er sich in die wärmeren Räume – Tepidarium und Caldarium – begibt, wo er sich von einem Sklaven ausgiebig massieren und einölen lässt. Hinterher folgt das Heißwasserbad und zum Abschluss ein Sprung ins erfrischende Kaltwasserbecken. So ungefähr muss man sich den Badevorgang des Römers in Le Hogolo vorstellen.

Natürlich erfordert solcher Badeluxus eine gute Heizung. Die passende Technik erfanden die Römer mit dem Hypokaustum, einem unter dem Fußboden liegenden, durch rund 75 Zentimeter hohe Ziegeltürmchen abgestützten Hohlraum, in dem die warme Luft zirkulieren konnte – in Le Hogolo ist das System unter dem Caldarium durch ein Gitter gut einzusehen. Der Ofen befand sich außerhalb, Holz hacken und feuern war selbstverständlich Sklavenarbeit.

Die Thermalanlage von Le Hogolo stammt aus den Anfängen des 1. Jahrhunderts und wurde später erweitert, bereits gegen Ende des 2. Jahrhunderts jedoch verlassen. Bis zum 4. Jahrhundert sollen Fischer hier gehaust haben, dann legte sich für rund 1.500 Jahre eine allmählich dicker werdende Sanddecke über die Ruinen – bis 1892 ein einheimischer Kartoffelbauer das Terrain umgrub, um es fruchtbar zu machen, und auf einen harten Ziegelstein stieß. Erst 1938 interessierten sich Archäologen für die Anlage, deren Grundmauern 1992/93 aus dem gefundenen Material rekonstruiert wurden.

Adresse Route de la Corniche, 22310 Plestin-les-Grèves | Anfahrt an der Nordküste auf halber Strecke zwischen Lannion und Morlaix | Tipp Die Crêperie Avel Zo bei der Kirche von Plestin-les-Grèves hat einen wunderschönen Garten und serviert die besten Crêpes weit und breit (So abends und Mo geschlossen).

63 Die Papst-Statue

Ein laizistisches Lehrstück

Der Bildhauer Surab Zereteli, seit 1997 Präsident der Russischen Kunstakademie, hat keine Geldsorgen. Nicht selten verschenkt er seine monumentalen Statuen. Sein Problem: Oft wollen die Adressaten sein Geschenk gar nicht haben. Griechenland lehnte einen Koloss von Rhodos ab, Uruguay einen Magellan, Frankreich einen bronzenen Balzac. Ein Kunstkritiker bescheinigte Zereteli »provozierende Talentlosigkeit«.

Der damalige Bürgermeister von Ploërmel lernte Zereteli in Moskau kennen und freute sich, als dieser ihm eine Statue von Papst Johannes Paul II. (Karol Wojtyla) offerierte. Um das siebeneinhalb Meter hohe Geschenk angemessen zur Wirkung zu bringen, gestaltete die Stadt die neue »Place Jean Paul II«.

Zum Unmut des Bürgermeisters fanden einige Citoyens den bronzenen Papst fehl am Platz. Die Bretagne gilt zwar als besonders katholisch, Frankreich aber ist seit 1905 laizistisch. Die strikte Trennung von Kirche und Staat ist Gesetz, öffentliche Monumente dürfen nicht mehr mit religiösen Symbolen versehen werden. Die Gegner des Denkmals argumentierten, das Kreuz über dem Papst sei ein christliches Symbol und hätte auf öffentlichem Boden nichts zu suchen. Nach jahrelangem Streit entschied 2017 in letzter Instanz der französische Staatsrat, das Kreuz müsse weg. Einen Papst ohne Kreuz wiederum lehnte Zereteli ab und machte die Einheit seines Werks geltend. Was tun mit dem Bronzepapst? Schon hatte sich die polnische Ministerpräsidentin angeboten, dem in Polen geborenen Papst Asyl zu gewähren, als die Diözese von Vannes eine wahrhaft salomonische Lösung vorschlug. Sie kaufte der Stadt die Skulptur ab und ließ einen Kran kommen. Der hob den umstrittenen Papst vom Sockel, schwenkte den Arm um eine Vierteldrehung und setzte ihn auf dem Hof des Collège Sacré-Cœur ab. Die Schule gehört der Diözese, Johannes Paul II. steht jetzt auf kirchlichem Boden. Da kann ihm niemand was anhaben.

Adresse 4, Rue de la Porte Bergault, 56800 Ploërmel | Anfahrt 70 Kilometer westlich von Rennes, auf der N 24 erreichbar | Tipp Im Ortszentrum befindet sich das Institut Lamennais, in dessen Hof eine einmalige astronomische Uhr steht.

64 Monsieur Papier

Papier vom Feinsten am Ende der Welt

Im Deutschen ist das Papier geschlechtsneutral, im Französischen ist *le papier* maskulin – außer in Plogoff, dort ist es feminin. Hinter Monsieur Papier, dessen Logo ein schwarzer Panther ist, stehen zwei Frauen, die als Unternehmerinnen einigen Mut beweisen. Während innovative Designer meist in Metropolen arbeiten und von dort aus ihre Produkte bis in die Randregionen vertreiben, gehen Lisa und Cécile den umgekehrten Weg. In Plogoff, im hintersten Zipfel des Finistère, wo in der Antike die Welt zu Ende war, stellen sie Artikel aus Designpapier her, die nicht nur in bretonischen Papeterien über den Ladentisch gehen, sondern den Weg bis nach Paris, Milano und New York finden.

In den 1950er Jahren war das Haus am Ende der Welt eine Relaisstation für Schiffe, die zur nahen Insel Sein ablegten, in den 1970er Jahren die Zentrale des europaweit beachteten Widerstands gegen ein Atomkraftwerk in Plogoff – bis die Pariser Regierung klein beigab. Wer das Haus heute betritt, steht in einem elegant eingerichteten Café mit einer kleinen Buchhandlung, die in eine Papierhandlung übergeht, in das Reich von Monsieur Papier. Hier ist die Produktion der beiden Unternehmerinnen zu finden. Lisa entwirft das Design, Cécile ist für die Wahl des Papiers und für die Herstellung zuständig. Das Sortiment ist vielfältig: Schreibpapier, Briefumschläge, Agenden, Geschenkpapier, Poster und mehr … und schließlich auch Papiertragetaschen, in denen man seine Einkäufe unterbringen kann. Zweimal jährlich erscheint eine neue Kollektion. Das Papier mit dem schwarzen Panther ist garantiert hochwertig, mit FSC-Gütesiegel für nachhaltige Forstwirtschaft zertifiziert oder recyclebar.

Bei schönem Wetter beschließt man den Aufenthalt in der Boutique am besten mit einem bretonischen Bier auf der Wiese hinter dem Haus, am Tisch oder im Liegestuhl. Der Blick auf den Atlantik ist großartig.

Adresse 59, Rue des Langoustiers, 29770 Plogoff | Anfahrt knapp vor der Pointe du Raz, von Douarnenez über die D 765 nach Audierne, dann ausgeschildert | Öffnungszeiten täglich außer Di 10.30 – 19 Uhr | Tipp Die berühmte Pointe du Raz liegt vor der Haustür, einfach die Straße bis zum Ende fahren.

65 Die Gedenkmauer

Die Verschollenen der Grande Pêche

Die rund hundert Meter lange Friedhofsmauer erinnert an die Opfer der »Grande Pêche«, wie die Kabeljaufischerei auf hoher See genannt wird, die jahrzehntelang den Wohlstand der Region begründete. Von Paimpol aus stachen die Fischer in den Ozean bis vor die Küsten Neufundlands und Islands und kehrten meist erst nach einem halben Jahr in den Heimathafen zurück – oder gar nicht mehr. 1852 wurde mit der Fahrt des Schoners »Occasion« die Epoche der Grande Pêche eingeleitet, die 1935 mit der nicht mehr zurückgekehrten »Butterfly« zu Ende ging. Das Leben an Bord war äußerst strapaziös: Zehn Stunden pro Tag wurde gearbeitet, die Ernährung war unausgewogen und wurde mit Alkohol nur schlecht kompensiert, die Sicherheitsvorkehrungen waren katastrophal. In den 83 Jahren der Grande Pêche zählt man 120 in den Fluten untergegangene Schiffe mit mehr als 2.000 Toten. Einige von ihnen konnten auf Friedhöfen Islands beerdigt werden, die meisten aber blieben »disparus en mer«, verschollen im Ozean.

In Ploubazlanec pflegten die Hinterbliebenen an der Friedhofsmauer mit einer Tafel aus Holz oder Marmor an die nicht zurückgekehrten Islandfischer zu erinnern, die älteste Tafel datiert von 1859. Bei einer Erweiterung des Friedhofs 1939 wurde die ursprüngliche Mauer abgerissen. Der Bürgermeister gab den Familien die Gedenktafeln zurück mit der Bitte, sie nach den Arbeiten an die neue Mauer zu schlagen. Kriegsbedingt verzögerte sich die Angelegenheit, und als 1947 der erweiterte Friedhof stand, bekam die Gemeinde längst nicht mehr alle Tafeln zurück. Darauf wurde beschlossen, die nicht mehr vorhandenen durch neue, schwarze Tafeln zu ersetzen, auf der die Namen der gesunkenen Schoner und ihrer Besatzung vermerkt sind.

Ein letzter Eingriff wurde 1992 vorgenommen, weitere Opfer waren inzwischen bekannt geworden, die Gedenktafeln wurden in eine chronologische Reihenfolge gebracht.

Adresse 16, Rue de la Résistance, 22620 Ploubazlanec | Anfahrt an der Nordküste, an Paimpol grenzend | Tipp Mehr über die Grande Pêche erfährt man gleich nebenan im Musée Mémoire d'Islande des Kulturzentrums Milmarin (April–Juni, Sept., Okt. Mi–Fr und So 10–12.30 und 14–18 Uhr, Juli, Aug. täglich 10–12.30 und 14–18 Uhr, Nov.–März Mi, Fr und So 10–12.30 und 14–17 Uhr).

66__Die Seenotrettungsstelle

Ort einer Jahrhundertkatastrophe

Die Pointe de Corsen ist der westlichste Punkt Kontinentalfrankreichs. Dem »CROSS Corsen«, dem regionalen Überwachungs- und Rettungszentrum, obliegt es, bei Havarien zwischen Ärmelkanal und Atlantik Rettungsdienste zu leisten. Gern greift das CROSS in Notfällen auf die »Société nationale de Sauvetage en Mer« (Nationale Seenotrettungsgesellschaft, SNSM) zurück, die im Hafen von Portsall einen Posten unterhält.

Am 16. Januar 1978 konnte aber auch die SNSM nicht viel ausrichten. An die Jahrhundertkatastrophe erinnert sich in Europa kaum jemand mehr, in Portsall ist sie nicht vergessen. Am nahen Felsen zerschellte der Tanker »Amoco Cadiz«, 223.000 Tonnen Rohöl flossen aus und bildeten einen Ölteppich, der ungefähr die Größe des Saarlandes erreichte. Bilder von Vögeln mit schwarz verklebtem Gefieder und von einem Strand mit glänzend schwarzen Felsen gingen rund um die Welt. Tausende von Freiwilligen halfen mit, die über 360 Kilometer verseuchte Küste zu reinigen, rund 40.000 tote Vögel wurden gezählt. Man befürchtete eine jahrelange Ölpest. Offenbar aber wurden die Selbstheilungskräfte der Natur unterschätzt, bereits in der Saison 1979 war die Küste für Touristen wieder sauber genug. Heute erinnern allenfalls schwarze Flecken an den Felsen an die Katastrophe. Die Wrackteile des Tankers liegen in 16 bis 35 Metern Tiefe, »eine Anhäufung von Blech und Röhren, vom Meer gefaltet und wie Kaugummi auseinandergezogen«, wie ein Taucher berichtet.

Einen positiven Nebenaspekt hatte die Tankerhavarie immerhin: Die Sicherheitsvorschriften wurden verschärft, gefährliche Frachten müssen küstenferner transportiert werden, Radaranlagen wurden aufgerüstet, die Überwachung ist besser geworden. Vielleicht profitiert auch die kleine Seenotrettungsstelle von Portsall davon, die mit ihrem Rettungsschiff »La Portsallaise« in der Saison mit unvorsichtigen Touristen genug zu tun hat.

Adresse Impasse de Beg al Lann, 29830 Ploudalmézeau | **Anfahrt** 30 Kilometer nordwestlich von Brest, über die D 168 erreichbar | **Tipp** Das Museum L'Ancre An Eor am Hafen zeigt eine Dokumentation über die Tanker-Havarie (täglich 9 – 17.30 Uhr).

67 Der Wasserturm

Crêpes in luftiger Höhe

Mit einem Schloss hat das französische »Château d'Eau« nur in den allerseltensten Fällen eine Ähnlichkeit. In der Regel handelt es sich um einen nüchternen, funktionalen Turm mit einem riesigen Wasserbehälter – der deutsche Ausdruck »Wasserturm« klingt weniger romantisch, trifft den Sachverhalt aber besser. Technisch beruht die Wasserversorgung via Wasserturm auf dem Prinzip der kommunizierenden Röhren, das Gymnasiasten vom Physikunterricht her kennen: Das in den Turm hochgepumpte Wasser ist von jedem Wasserhahn in der Umgebung anzapfbar, sofern dieser nicht höher liegt als das Reservoir.

Wassertürme in Mitteleuropa stammen meist aus dem 19. und 20. Jahrhundert. Einen letzten Bauboom verzeichnet man in Frankreich in den 1950er bis 70er Jahren, zumindest in der Bretagne hing dies auch mit der reichlich späten Flurbereinigung zusammen. Im 20. Jahrhundert dann hatten viele Wassertürme ausgedient, Wasserwerke mit Tiefbehälter und Pumpanlagen waren eine kostengünstigere Variante. Ausgediente Wassertürme fanden oft eine neue Verwendung als Museen, Büroräume oder gar Wohnungen.

In Ploudalmézeau waren die Behörden weitsichtig genug und hatten beim Bau des 1979 fertiggestellten Wasserturms eine Zweitnutzung gleich eingeplant. So wurde in der luftigen Höhe von 50 Metern nicht nur Platz für eine Million Liter Wasser geschaffen, sondern man dachte auch gleich an eine Aussichtsplattform für künftige Touristen sowie an Versammlungsräume für lokale Vereine. Letztere wichen 1984 nach einem Umbau der beliebten Panorama-Crêperie »Le Château d'Eau«. Wer die Anstrengung von 267 Stufen scheut, fährt mit dem Lift hoch. Die Crêpes oben schmecken nicht besser oder schlechter als anderswo auch, aber die Aussicht von der Außenplattform über das flache Land und das Meer ist großartig; bei schönem Wetter reicht der Blick bis zur weit draußen im Atlantik schwimmenden Ouessant-Insel.

Adresse Route de Brest, 29830 Ploudalmézeau | Anfahrt 25 Kilometer nordwestlich von Brest, über die D 26 zu erreichen | Öffnungszeiten Feb.–Okt. täglich 12–21.30 Uhr, Nov.–Jan. Di–So, nur mittags | Tipp Fahren Sie die D 26 bis zur Küste, dort befinden sich die weißsandigen Dünen von Tréompan.

68 Ankou

Memento mori am Ossuarium

Die umfriedeten Pfarrbezirke im Finistère mit ihren granitenen Calvaires, die figurenreich vom Leben und Tod Christi erzählen, gehören zu den großen Touristenattraktionen der Bretagne. In einem kompletten »Enclos paroissial« findet sich stets auch ein Ossuarium, in dem die exhumierten Gebeine aufbewahrt wurden, die auf dem Friedhof neuen Toten Platz machen mussten. Die bretonischen Steinmetze verzierten gern auch die Beinhäuser, und hier blickt oft ein drohender Knochenmann auf den Besucher herunter. Es ist Ankou.

Die Figur am christlichen Beinhaus ist ein Erbe aus vorchristlichen Zeiten. Ankou ist in der keltischen Mythologie nicht der Tod, wie viele meinen, vielmehr dessen fleißiger Diener. Wo gestorben wird, taucht er mit seinem Karren auf, der meist von zwei ausgemergelten Pferden gezogen wird. Den Karren hat er mit Kieselsteinen gefüllt, damit es so richtig schön rasselt, wenn er vorfährt. Dann vernehmen die Angehörigen, die sich um einen Sterbenden versammeln, ein sonderbares Geräusch. Ankou hat seine Kieselsteine vor die Tür gekippt, der Karren wartet auf seine neue Ladung, Ankou wird die Leiche ins Jenseits fahren. Ankou ist gleichsam die terrestrische Variante von Charon, der in der griechischen Mythologie auf seiner Fähre die Toten ins Reich des Hades hinüberschifft.

Bretonischen Quellen zufolge ist Ankou in den Monts d'Arrée zu Hause, das nahe Sumpfgebiet von Yeun Elez gilt als Tor zur Unterwelt. Sichel und Sense sind Ankous klassische Attribute, auf älteren Darstellungen posiert er mit einem Pfeil. Im nahen La Roche-Maurice bilden seine gespreizten Beine ein Tor ins Jenseits. Seine Botschaft ist dort knapp und bündig auf die Beine gemeißelt: »Je vous tues tous« (in altfranzösischer Grammatik – Ich töte euch alle). Am Ossuarium von Ploudiry starrt Ankou aus seinen leeren Augenhöhlen wortlos Gläubige wie Ungläubige an: Memento mori.

Adresse Rue de l'Enclos, 29800 Ploudiry | **Anfahrt** von Brest auf der Schnellstraße nach Landerneau, dann über die D 764 nach La Martyre und Ploudiry | **Tipp** Der Nachbarort La Martyre besitzt einen der schönsten umfriedeten Pfarrbezirke der Bretagne.

69 Die Markthalle

Kommerzzentrum aus dem 16. Jahrhundert

Das Recht, eine Markthalle zu bauen, stand im Ancien Régime der lokalen Seigneurerie zu. In Plouescat war es ein gewisser Seigneur de Kerouzéré, der im späten 16. Jahrhundert von diesem Recht Gebrauch machte. Er entschädigte sich, wie damals üblich, mit einem Teil der in der Halle erzielten Einkünfte. Vielleicht profitierte er auch schon von der Artischocke, mit der Katharina de' Medici, als sie 1533 den französischen König heiratete, den bretonischen Gemüsekorb bereicherte. Sie führte die Neuheit aus ihrer toskanischen Heimat ein.

Die imposante Markthalle ruht auf vier Reihen von je zehn Säulen aus Eichenholz, jede von ihnen auf einem Stein stehend. Ein Schieferdach zieht sich so weit zum Boden, dass für eine gute Durchlüftung gerade noch gesorgt ist. In der oberen Etage waren früher zwei Zimmer eingerichtet, die ursprünglich der Verwaltung und dem Gericht dienten. Später wurden sie für alle möglichen Zwecke benutzt, unter anderem als Schulräume und als Depot für die Tribüne einer Pferderennbahn. Auch die Halle selbst wurde gelegentlich zweckentfremdet. Während des Kirchenbaus von 1863 bis 1870 wurde in ihr die Messe abgehalten.

Markthallen waren im 16. Jahrhundert veritable Kommerzzentren. Viele verrotteten im Lauf der Zeit, andere wurden als Symbole der Feudalherrschaft von den französischen Revolutionären abgerissen. Später wollte der Autoverkehr in zentraler Lage lieber einen Park- als einen Marktplatz haben. Heute sind in der Bretagne nur noch drei der alten, bis fast zum Boden gedeckten Hallen erhalten. Seit dem ersten Drittel des 20. Jahrhunderts sind sie als historische Gebäude klassifiziert und damit geschützt. Ein Versuch der Gemeinde Plouescat 1932, ihre Markthalle »deklassifizieren« zu lassen und damit für den Abbruch freizugeben, scheiterte. Unter dem Schieferdach darf weiterhin Markt abgehalten werden – jeweils am Samstagvormittag.

Adresse Place Général de Gaulle, 29430 Plouescat | Anfahrt an der Nordküste, 20 Kilometer westlich von Roscoff | Tipp Direkt am Strand von Pors-Meur serviert das Restaurant Roc'h ar Mor die beste Küche weit und breit (März Fr–So, April–Juni und Sept.–Mitte Nov. Mi–So, Juli, Aug. täglich außer Di). Reservierung unbedingt empfohlen unter Tel. +33 (0)298696301.

70 La Marmite Bretonne

Biologisch, regional, saisonal und – digital

Im Lager stapeln sich Einmachgläser und -flaschen: Gemüsesuppe aus Sellerie und Zucchini, Tomatensoße mit Knoblauch oder Basilikum, Apfelmus, Kürbissuppe und mehr. In den hinteren Räumen wird Gemüse geputzt, werden Kochtöpfe überwacht und Gläser sterilisiert. Das Konzept des 2016 gegründeten Unternehmens »La Marmite Bretonne« (Der bretonische Kochtopf) geht aufs Ganze. Vom Einkauf des Gemüses beim Produzenten bis zum Verkauf der eingemachten Delikatessen an den Kunden haben Elisabeth Plassard und Loïk de Feraudy mit ihren zwei Angestellten alles unter Kontrolle. Biologische Produkte und gesunde Ernährung sind auch in der Bretagne zunehmend gefragt, die beiden denken aber etwas weiter. Das beginnt schon beim Einkauf, der den Großhandel ausschaltet. Eine angemessene Bezahlung der Produzenten ist selbstverständlich. Preise zu drücken, wie es Großhändler immer wieder praktizieren, kommt für La Marmite Bretonne nicht in Frage.

Warum auch in die Ferne greifen, wenn das Gute so nah liegt? Das Unternehmen setzt auf eine enge Vernetzung lokaler und regionaler Produzenten, deren Betriebe streng biologisch geführt werden. Im bretonischen Kochtopf haben Zusatzstoffe wie Stabilisatoren oder Geschmacksverstärker nichts zu suchen. Sommergemüse wird im Sommer verarbeitet, Wintergemüse im Winter, frische Ware wird auch ohne Konservierungsmittel garantiert.

Transparenz wird großgeschrieben: Jedes Glas ist mit einem QR-Code und einer Kennnummer versehen, der Kunde kann auf dem Smartphone oder zu Hause im Internet überprüfen, woher der Inhalt kommt. Wer auf der Homepage des Unternehmens zum Beispiel »17027130« eingibt, erfährt, welche vier Betriebe am Aufstrich aus Buchweizen und Champignons beteiligt sind. Verkauft werden die Produkte auf dem Freitagsmarkt im Nachbarort Baden sowie auf anderen Märkten der Region, im Internet und nach Verabredung auch vor Ort.

Adresse 7bis, Rue Yves de Pont Sal, 56400 Plougoumelen | **Anfahrt** 13 Kilometer westlich von Vannes, über die N 165 erreichbar | **Öffnungszeiten** nach Voranmeldung unter Tel. +33 (0)297296519 | **Tipp** Noch bevor man ins Zentrum des nahen Städtchens Auray hinauffährt, befindet sich linker Hand der malerische Hafen von Saint-Goustan mit mehreren Crêperien.

71__Die Teufelsbrücke

Begehbar – wenn sie da ist

Die Datierung der alten Brücke ist umstritten. Einige verlegen sie ins 5. Jahrhundert, sie wäre damit ein galloromanisches Werk und die älteste Brücke der ganzen Bretagne. Anderen Quellen zufolge liegt das Baujahr im 10. Jahrhundert, wieder andere tippen auf das 15. oder 16. Jahrhundert. Die Legende kümmert sich nicht um solche Details, sie behauptet, der Teufel persönlich habe die Brücke gebaut – und dies in einer einzigen Nacht. Auftraggeber war der Müller, der die Mühle auf der Plouguerneau-Seite des Flusses betrieb. Er wollte nicht länger einen mühsamen Umweg machen, um nach Lannilis hinüberzugelangen. Also schloss er den schon aus anderen Sagen bekannten Pakt mit dem Teufel, der für sich die erste Seele reklamierte, die über die Brücke ging. Satan rieb sich die Klauen vor Freude, als er sah, wie der Müller mit einem geschulterten Mehlsack die Brücke betrat. Doch was schon der heilige Cado konnte, kann auch ein einfacher Müller: Er öffnete seinen Sack, eine schwarze Katze sprang heraus und jagte über die Brücke. Der betrogene Teufel schleuderte ihr aus Wut seinen Hammer hinterher – der am anderen Ufer zum Granitkreuz erstarrte.

Das steinerne Kreuz steht noch heute da, über sein Alter weiß man so viel oder so wenig wie über dasjenige der Brücke. Auch die Überreste der Mühle sind noch zu sehen. Sie wurde nachweislich Anfang des 19. Jahrhunderts gebaut. Damit lässt sich allerdings eher das Alter der Legende als das der Brücke bestimmen. Bis 1960 noch sollen die Bauern ihr Vieh über die Teufelsbrücke ans andere Ufer getrieben haben. Dann wurde das schöne Bauwerk sich selbst überlassen, bis sich 2008 ein tatkräftiger Verein um seine Restaurierung kümmerte.

Bei Flut ist nichts zu sehen. Bei Ebbe aber, wenn der breite Aber Wrac'h zum mäandernden Bach schrumpft, steigt die mit Algen bedeckte Teufelsbrücke aus dem Wasser und ist begehbar – Rutschgefahr!

Adresse Prat Paul, 29880 Plouguerneau | Anfahrt knapp 30 Kilometer nördlich von Brest, über die D 13 erreichbar, noch vor Plouguerneau nach der Brücke rechts abbiegen, dann zweites Sträßchen rechts, rund 2,5 Kilometer bis zu einem Parkplatz, von dort noch 5 Minuten zu Fuß | Tipp 500 Meter vor dem Parkplatz steht links die Kapelle Saint-Paul, mit Quelle und eigener Legende.

72 Die Shelburn-Stele

Eine erfolgreiche Geheimoperation

Wie ein Menhir steht der granitene Gedenkstein auf den Felsen über dem Meer. Gedenktafeln erinnern an eine Geheimoperation gegen Ende des Zweiten Weltkriegs, die sich praktisch vor den Augen der deutschen Besatzer abspielte, ohne dass diese etwas mitbekamen.

Ziel des Shelburn-Netzwerks war es, die von den Deutschen über französischem Boden abgeschossenen englischen und amerikanischen Piloten und Fallschirmspringer nach England zurückzubringen. Die militärisch straffe Organisation des Netzwerks wurde in oberster Instanz vom englischen Geheimdienst geleitet, die praktische Durchführung lag aber in den Händen der französischen Résistance, die wiederum in der Bevölkerung von Plouha eine große Unterstützung erfuhr.

Wer sich die gefahrvolle »Operation Bonaparte« atmosphärisch vergegenwärtigen will, begibt sich auf den »Circuit Shelburn«. Die Rundwanderung von rund einer Stunde beginnt bei der Kapelle Saint-Simon im Ortsteil Le Pradou von Plouha und führt zur Ruine der von den Deutschen zerstörten Maison d'Alphonse. Hier versteckte und verköstigte die damals 23-jährige Marie Gicquel die alliierten Piloten, bevor sie nachts von Einheimischen auf gefährlich abschüssigen Wegen – zum Schluss durch einen in den Felsen gehauenen Tunnel – an die Plage Bonaparte geführt wurden, wo eine englische Korvette sie in Empfang nahm. Selbstverständlich führt die Rundwanderung auch an der Shelburn-Stele vorbei.

Rund 150 Alliierte wurden auf diese Weise vom 29. Januar bis zum 5. August 1944 repatriiert. Die Leitung der Korvetten, die in vier Stunden nach Dartmouth an der englischen Küste fuhren, oblag David Birkin. Dessen Tochter, die Sängerin und Schauspielerin Jane Birkin, berichtet: »Mein Vater sagte immer: Die wahren Helden waren die Bretonen, die sich äußerst mutig zeigten und im Wissen um das enorme Risiko, das sie eingingen, die englischen Piloten versteckten.«

Adresse Plage Bonaparte, 22580 Plouha | **Anfahrt** an der D 786 von Saint-Brieuc nach Paimpol | **Tipp** Gleich unterhalb der Stele lädt die Plage Bonaparte zum Bad. Sie ist über den Parkplatz zu erreichen.

73 La Pointe du Souc'h

Letzte Ruhe in bester Lage

Eine erste Erwähnung der Stätte stammt von Chevalier de Fréminville, Marineoffizier, Gelehrter, Archäologe und nebenbei bekannt dafür, dass er nach dem Tod seiner Geliebten fast nur noch in Frauenkleidern zu sehen war. Der illustre Forscher sah große Steine und einen Steintisch, er glaubte, auf ein Heiligtum keltischer Druiden gestoßen zu sein.

Ab 1870 untersuchten Archäologen das direkt über dem Meer gelegene Gelände genauer. Sie fanden Keramik und steinzeitliches Werkzeug und schlugen bald bei der Gemeinde Alarm, um zu retten, was noch zu retten war. Die Bauern nutzten das Terrain nämlich seit jeher für die Landwirtschaft und nahmen sich, was sie brauchen konnten. Solches Sakrileg hatte zwei Jahrhunderte zuvor schon Vauban begangen. Der berühmte Militärarchitekt des Sonnenkönigs benötigte Steine für ein Wachthäuschen an der Küste. Die Stätte diente später noch oft als Steinbruch, unter anderem wurde sie auch für den Bau eines Leuchtturms geplündert.

Nachdem das Gelände 1979 historisch klassifiziert und damit gegen weitere unsachgemäße Eingriffe geschützt war, unternahmen Archäologen umfassende systematische Grabungen. Sie stießen auf eine Nekropole mit einer Fläche von 35 auf 10 Meter, die mehrere Grabkammern und Dolmen enthielt, fanden bearbeiteten Silex, Pfeilspitzen und Keramik. Die Anlage wird auf circa 6000 vor Christus datiert, sie wurde aber auch in späteren Epochen noch benutzt. Einige Funde stammen aus der Bronze- und aus der Eisenzeit. Seit dem Abschluss der letzten Grabungsarbeiten 2000–2006 präsentiert sich die Nekropole »La Pointe du Souc'h« teilweise rekonstruiert, jedenfalls sehr ordentlich.

Weiterhin gegraben wird in einer eingebrochenen Meereshöhle, die sich circa 100 Meter entfernt befindet und nicht zugänglich ist. Dort stießen die Archäologen auf sehr viel frühere Spuren des Homo erectus, die bis zu 470.000 Jahre alt sind.

Adresse Rue de la Corniche, 29780 Plouhinec | Anfahrt an der Westküste, östlich an Audierne anschließend | Tipp 1 km in Richtung Osten steht in Pors-Poulhan auf freiem Feld ein fotogenes megalithisches Langgrab (allée couverte).

74_Das Ecomusée

Das etwas andere Heimatmuseum

Der Begriff hat sich in den 1990er Jahren durchgesetzt: Heute gibt es in Frankreich »Ecomusées« wie Sand am Meer. Das deutsche Pendant heißt meist etwas altbacken »Heimatmuseum«. Das Bedürfnis, die lokale oder regionale Geschichte materiell aufzubewahren, ist in einer sich rasant verändernden Gesellschaft gestiegen. Wer weiß in ein paar Jahren noch, was ein Resopaltisch, ein Löschstempel, eine Schnurrbartwichse ist?

In ländlichen Gegenden findet man im Heimatmuseum meist alte Eggen, Backformen, Pferdegeschirr und dergleichen mehr. Der Geräteschuppen wird aufgeräumt, dabei kommen neben viel Ramsch auch Dinge zum Vorschein, die museumswürdig sein könnten. Ein kleines Heimatmuseum stellt dann die Fundstücke eher schlecht als recht aus. Die Besucher stehen ratlos vor den Exponaten, ein museografisches Konzept fehlt. Dagegen hebt sich das Ecomusée von Plouigneau, dessen heutigen Direktor Jean-Yves Teurnier man besser als Kurator bezeichnen würde, in wohltuender Weise ab.

Das vorbildliche Museum verdankt sich der Initiative von Joseph Urien (1932–2018), Landwirt und 30 Jahre lang Bürgermeister von Plouigneau. »Jopic«, wie er von den Einheimischen genannt wurde, war nicht nur ein eifriger Sammler und Käufer von Objekten, sondern setzte auch durch, dass die Gemeinde 1990 das Bauernhaus kaufte, das heute Zentrum des Museums ist. Sämtliche anderen Gebäude, die sich um zwei Innenhöfe gruppieren, wurden im Dorf oder in der Umgebung ab- und hier wieder aufgebaut. Nach zehnjähriger Arbeit eröffnete 2000 das Museum, dem der rührige Bürgermeister 2015 seine private Sammlung vermachte.

Die materialisierte Dorfgeschichte von 1860 bis 1960 ist thematisch klar gegliedert: landwirtschaftliche Maschinen, Straße der Handwerker, Wohnhaus, Schweinestall mit Kammer für den Schweinehirten im Obergeschoss, ein ganzes Schulzimmer, ein Friseursalon … kurz: ein Ecomusée, das überzeugt.

Adresse 5, Rue de la Gare, 29610 Plouigneau | **Anfahrt** 13 Kilometer östlich von Morlaix an der N 12 nach Rennes gelegen | **Öffnungszeiten** April – Mitte Juni und Okt. Mo – Fr 10 – 12 und 14 – 18 Uhr, Mitte Juni – Sept. Mo – Fr 10 – 12 und 14 – 18 Uhr, So 14 – 18 Uhr | **Tipp** Acht Kilometer südlich des Orts liegt Plougonven mit einem der ältesten umfriedeten Pfarrbezirke der Bretagne.

75 Die Bigoudenin

Zwischen Sardinenkopf und Bigoudenhaube

Der Hafen von Pors-Poulhan, genauer dessen Ostseite, bildet nicht nur die Grenze zwischen den Gemeinden Plouhinec und Plozévet, sondern auch zwischen zwei Landstrichen: Plouhinec gehört zum Penn Sardin (auf Deutsch: Sardinenkopf), Plozévet zum Bigoudenland. Exakt auf der Grenze steht die Bigoudenin, sie schaut weder ins eine Land noch ins andere, sondern aufs offene Meer hinaus.

Unverwechselbares Attribut der Bigoudenfrau ist die »coiffe bigoudène«, ein bis zu 35 Zentimeter hoher Turm auf dem Kopf. Wie und mit welchem Zeitaufwand die Bigoudenhaube einst jeden Morgen gemacht wurde, demonstriert eine ihrer letzten Trägerinnen in einem Videofilm im Museum von Pont-l'Abbé, der nahen Hauptstadt des Bigoudenlands.

Die Bigoudenen gelten oft als typisch bretonisch. So wie Pierre-Jakez Hélias (1914–1995) in der Literaturgeschichte als der bretonische Schriftsteller schlechthin gilt, ist René Quivillic (1879–1969), der die Statue am Hafen von Pors-Poulhan geschaffen hat, der bretonischste aller bretonischen Bildhauer. Die beiden Künstler verbindet noch mehr. Der Schriftsteller stammt aus dem nahen Pouldreuzic, der Bildhauer aus Plouhinec. Zur Einweihung der »Bigoudène« 1961 kam selbstverständlich auch Pierre-Jakez Hélias, zumal für die Statue seine Cousine Modell gestanden haben soll.

Quivillic, der als Jugendlicher nur Bretonisch und kein Französisch sprach, ist in der Bretagne an zahlreichen Orten mit Monumenten vertreten, in Plozévet gleich mehrmals. An der Place de l'Église sind zwei Musikanten mit typisch bretonischen Instrumenten zu sehen, auf der anderen Seite der Kirche stehen zwei Denkmäler für Kriegsgefallene. Auf dem einen, das der Opfer von 1914 bis 1918 gedenkt, verewigte Quivillic seine Mutter – mit einer Haube des Penn Sardin, sie kam schließlich von jenseits der Grenze. Daneben erinnert eine Menhir-Frau an die Kriegstoten von 1939 bis 1945 – mit Bigoudenhaube.

Adresse Port de Pors-Poulhan, 29710 Plozévet | **Anfahrt** an der Westküste, knapp 30 Kilometer westlich von Quimper | **Tipp** Rund 4 km entfernt, am Küstensträßchen Richtung Süden, steht der »Menhir des Droits de l'Homme«. Er erinnert nicht an die Menschenrechte, sondern an die »Droits de l'Homme«, ein französisches Schiff, das 1797 von den feindlichen Engländern zerstört wurde.

76 Das Bronzemedaillon

Poet, Polemiker und vor allem Bretone

Täglich durchstreifen Hunderte von Touristen Pont-Aven, sie gehen den Spuren des berühmten Gauguin und seiner Malerschule nach. Eine der lauschigsten Stellen des Städtchens liegt ganz zentral und wird meist doch übersehen: die kurze Promenade Xavier Grall am nördlichen Ufer des Aven. Touristen verschlägt es eher zufällig hierher, sie werfen meist einen kurzen Blick auf das eigenartige Medaillon, wissen nicht, wen sie da vor sich haben, und setzen ihren Spaziergang fort. Nur wenige lassen sich von dem langhaarigen Mann irritieren, der sich gerade mit einem marderähnlichen Tier unterhält, das zu ihm hochblickt.

Xavier Grall (1930–1981) – zum Zeitpunkt der Einweihung der nach ihm benannten Promenade erst seit vier Jahren tot – hat eine bewegte Biografie. Nach dem Besuch einer streng katholischen Schule in Saint-Pol-de-Léon arbeitet er als Journalist in Paris. 1956 nimmt er vier Monate lang als Soldat am Algerienkrieg teil, der ihn an der »Grande Nation« verzweifeln lässt. Zurück in Paris besinnt er sich auf seine bretonische Herkunft: »Du entdeckst, dass du Bretone bist, was man nicht sein darf … Du dekolonialisierst dich. Du bist Berber, Kabyle, Bretone.« Fortan steht er als sprachgewandter Journalist und brillanter Poet auf der Seite der bretonischen Autonomisten, wird zum Verfechter der bretonischen Kultur. 1973 kehrt er Paris endgültig den Rücken und zieht mit seiner Frau und fünf Töchtern in die Nähe von Pont-Aven.

In seinem bekanntesten Werk polemisiert er gegen den beliebten bretonischen Schriftsteller Pierre-Jakez Hélias, dem er vorwirft, Folklore für die Pariser Leserschaft zu schreiben. Grall selbst mystifiziert dabei das für ihn echt Bretonische oft in unerträglicher Weise. Er will eben ein waschechter Bretone sein. Dies unterstrich die Bildhauerin Françoise Trin aus dem nahen Riec-sur-Belon mit dem Tierchen, das ihn so neugierig anschaut. Es ist ein Hermelin, das bretonische Wappentier.

Adresse Promenade Xavier Grall, 29930 Pont-Aven | Anfahrt an der D 783, 17 Kilometer östlich von Concarneau | Tipp Besuchen Sie das Restaurant des Hotels Les Mimosas am Ende des Hafens: Luc versteht sich auf Fisch und Meeresfrüchte (Fr und So abends, Mo ganztags geschlossen).

77__Die Kapelle von Trémalo

Die Vorlage für Gauguins gelben Christus

Der rund 20-minütige Spaziergang von Pont-Aven zur idyllisch gelegenen Kapelle führt durch den »Bois d'Amour« (Liebeswäldchen), der mit seinen Buchen und Zypressen und dem Aven-Fluss schon die Maler der berühmten »Schule von Pont-Aven« in seinen Bann zog. Einer der führenden Köpfe dieser Gruppe von rund einem Dutzend Künstlern, die in Pont-Aven malten, Theorien diskutierten, stritten und auch gern tranken, war Paul Gauguin (1848–1903). Bei einem Spaziergang im Bois d'Amour soll er seinem Schüler Paul Sérusier eine Lektion erteilt haben, die das Wesentliche der neuen Kunstrichtung auf den Punkt bringt: »Wie sehen Sie diese Bäume? Gelb, dann nehmen Sie Gelb, das schönste Gelb Ihrer Palette. Dieser Schatten? Eher blau, malen Sie ihn in Ultramarin. Und diese Blätter? Rot, nehmen Sie Zinnoberrot.«

Den farbenfrohen Abschied vom Impressionismus, den Gauguin und seine Malerfreunde einläuteten, studiert man am besten im Museum von Pont-Aven. Die Geburt neuer Kunstströmungen – oft unter dem Namen Postimpressionismus zusammengefasst – ist hier gut dokumentiert. Eines der ausgestellten Bilder zeigt die Kapelle von Trémalo. Es stammt vom bretonischen Maler Émile Jourdan, der zeitweise in derselben Pension wie Gauguin hauste und sich offenbar dessen Lehre zu Herzen nahm. Jourdan malte die Kapelle in kräftigem Blau.

Mit Gauguin selbst wird der Besucher der Kapelle von Trémalo nur indirekt konfrontiert. Die große Christusfigur im Mittelschiff links fällt auf den ersten Blick nicht auf. Berühmt wurde die anonyme Schnitzarbeit aus dem 17. Jahrhundert erst als Vorlage für »Le Christ jaune«, eines der berühmtesten Bilder Gauguins. Der Meister malte den Gekreuzigten von Trémalo in Gelb, trug ihn samt Kreuz auf eine gelbe Wiese mit roten Bäumen und fügte drei in Blau gekleidete Bretoninnen hinzu. Der gelbe Christus hängt seit 1946 in der Albright-Knox Art Gallery in Buffalo/New York.

Adresse Trémalo, 29930 Pont-Aven | Anfahrt an der D 783, 17 Kilometer östlich von Concarneau | Öffnungszeiten täglich 10–17 Uhr, in der Hochsaison bis 18 Uhr | Tipp Am Hafen werden Bootsausflüge auf dem Aven angeboten: 75 Minuten bis zum Meer und zurück (April–Sept.).

78 Die Kirche von Lambour

Erst der Turm weg, dann das Dach

Beim Anblick der malerischen Kirchenruine könnte man denken, dass sie im Zweiten Weltkrieg einer Bombe zum Opfer fiel: Dach weg, Turm weg, nicht wieder aufgebaut. Weit gefehlt: Die dreischiffige Kirche im Stil der Spätgotik ist schon viel länger nur noch ein romantisches Gerippe.

Eine erste Zerstörung erfuhr sie 1675 nach der gescheiterten Revolte gegen die Stempelsteuer, die Ludwig XIV. eingeführt hatte. Der Sonnenkönig brauchte Geld für seine Kriege und auch für das luxuriöse Leben in Versailles. Also musste eine neue Steuer her. Diese betraf in erster Linie alle juristischen Akten, aber auch den Tabakverkauf sowie den Besitz von Zinnwaren. Der Erlass führte in der Bretagne, wo die wirtschaftliche Situation der Bauern besonders prekär war, zum Aufstand der »Bonnets rouges« (rote Mützen). Die Revolte scheiterte, die Rebellen wurden massenweise abgeschlachtet, geköpft und gehängt. Doch damit nicht genug, der König wollte ein Exempel statuieren, um die Bevölkerung für alle Zukunft vor Ungehorsam zu warnen. Er ließ etliche Kirchtürme zerstören, deren Glocken zum Aufstand gerufen hatten, so auch den von Lambour.

Die turmlos gewordene Kirche wurde weiter genutzt, bis die französischen Revolutionäre befanden, eine Kirche in Pont-l'Abbé sei genug. Die Filiale in Lambour wurde aufgehoben, ihr Inventar in die Hauptkirche der Stadt überführt. Die alte gotische Kirche verfiel darauf zusehends, sodass die Gemeinde 1899 beschloss, aus Sicherheitsgründen das Dach abzubauen. Seither zeigt sie sich im heutigen Zustand. Ein lokaler Verein kümmert sich darum, dass zumindest die romantischen Überreste bleiben.

Dass das Bigoudenland ein Zentrum der Stempelsteuerrevolte war, ist historisch beglaubigt. Eine Legende hingegen ist, dass die berühmte Bigoudenhaube, der kunstvolle Turm auf dem Kopf der Bigoudeninnen, eine Revanche für den Kirchturm ist, den man ihnen 1675 wegnahm.

Adresse Rue de Lambour, 29120 Pont-l'Abbé | **Anfahrt** an der Südküste, 20 Kilometer südlich von Quimper | **Tipp** Beim Spaziergang am südlichen Hafenbecken entlang entdeckt man das »Monument aux Bigoudens«.

79 Der Fischer und die Nixe

Der Baulöwe als Bildhauer

Als Jugendlicher absolvierte Karsten Klingbeil (1925–2016) eine kurze Bildhauerausbildung, dann wurde er eingezogen und kam nach dem Krieg aus sowjetischer Gefangenschaft zurück nach Berlin. Karriere machte er nicht als Künstler, sondern im Immobiliengeschäft. Er verdiente sich eine goldene Nase am sozialen Wohnungsbau, wurde schwerreich und nebenbei zum Beelzebub der Hausbesetzerszene. Mit 60 Jahren erkannte er, dass es nichts bringe, »der reichste Mann auf dem Friedhof zu sein«. Er zog sich aus dem Geschäftsleben zurück und besann sich auf seine Anfänge: die Bildhauerei. Nach seinem Tod schrieb der Berliner »Tagesspiegel« von einem »international anerkannten Bildhauer«, ein zweiter Nachruf in derselben Zeitung fand, der Kunstmarkt hätte seine Anstrengungen nicht ernst genommen.

In den Jahrzehnten, in denen der Baulöwe sich der Geldvermehrung widmete, hatte die Bildhauerei neue Wege eingeschlagen und der volatile Kunstmarkt seine Präferenzen gewechselt. Klingbeil bildhauerte so weiter, wie er es in den 1940er Jahren gelernt hatte. Über den künstlerischen Wert von »Le Pêcheur et l'Ondine« mag man streiten, handwerklich ist an den Bronzeskulpturen nichts auszusetzen. Und die Inszenierung überzeugt: auf der einen Mole der von der Sonne geblendete Fischer auf seinem Hummerkorb, auf der anderen die nackte Schöne, die sich aus dem Netz befreit hat, dazwischen das Meer – die beiden können nicht zusammenkommen.

Im Internet wird Klingbeils mittlerweile geschlossene Homepage zitiert: »Ich schuf zwei Skulpturen in natürlicher Größe … Die beiden Figuren hatten einen großen Erfolg bei der Bevölkerung. … Touristen und Neugierige besuchen die Skulpturen und lassen sich mit ihnen fotografieren.« Da klingt Stolz mit. Wer genau hinschaut, entdeckt in den Gesichtszügen des Fischers diejenigen seines Schöpfers. Klingbeil hat die beiden Skulpturen 2007 der Stadt geschenkt.

Adresse Port Haliguen, 56170 Quiberon | Anfahrt an der Südküste, 45 Kilometer südwestlich von Vannes, auf der N 165 bis Auray, dann weiter auf der D 768 | Tipp Die Crêperie du Vieux Port über dem Hafen hat Flair und genießt bei Kennern einen guten Ruf (Di abends, Mi ganztags geschlossen).

80__La Maison d'Armorine

Süß und klebrig, schmeckt hervorragend

Wenn heute ältere Quiberonnais am Strand spazieren, kommen ihnen angesichts des kleinen Geschäfts am Boulevard Chanard bestimmt Kindheitserinnerungen, auch wenn sich der Eingang stark verändert hat. So historisch hat er nicht einmal in ihrer frühesten Jugend ausgesehen. Das nennt man Vintage-Style. Tatsächlich zeigen Fotos aus den 1950er Jahren eine weniger dekorative Fassade, aber das entscheidende Wort stand schon damals in großen Lettern dort: »Niniches«.

1946 kreierte der Confiseur Raymond Audebert zusammen mit seiner Frau Yvonne ein Karamellbonbon aus natürlichem Rohrzuckersirup und gesalzener Butter. Offenbar verstand er auch etwas von Marketing, er taufte seinen Schleckstängel Niniche – ein Name, den sich jedes Kind merken kann. Der Erfolg war durchschlagend, noch im selben Jahr wurde das Niniche als bestes Bonbon Frankreichs ausgezeichnet. Audebert, der anfänglich noch als ambulanter Verkäufer die Badegäste am Strand bediente, richtete sich sein kleines Geschäft am Boulevard Chanard ein. Abends standen die Leute Schlange, dann nämlich verkaufte der Meister die noch warmen Niniches, denen man im Mund eine persönliche Form geben konnte, bevor sie abkühlten und hart wurden.

Heute produziert Audeberts Enkel, der das Unternehmen in La Maison d'Armorine umbenannte und mittlerweile rund 30 Angestellte hat, die Leckereien in der Industriezone und exportiert weltweit, besonders in Japan sind die Lutscher beliebt. Das Sortiment wird jährlich erweitert. Derzeit gibt es 50 verschiedene Niniches auf Karamell- oder Fruchtbasis. Die Aromen reichen von Ananas bis Zitrone, stets ohne jegliche chemische Zusätze. Weitere Produkte wie die Karamellcreme »Salidou«, Biscuits und Schokoladen ergänzen das Angebot. Das Ur-Niniche, mit dem die Erfolgsgeschichte Audeberts begann, spielt im Unternehmen nicht mehr die Hauptrolle, aber selbstverständlich ist es immer noch im Angebot.

Adresse 5, Boulevard Chanard, 56170 Quiberon | Anfahrt an der Südküste, 45 Kilometer südwestlich von Vannes, auf der N 165 bis Auray, dann weiter auf der D 768 | Öffnungszeiten März–Okt. 9.30–12.30 und 14.30–19 Uhr, Juli, Aug. 9–13 und 14–23 Uhr, Nov.–Feb. 10–12 und 14.30–18.30 Uhr | Tipp La Belle-Îloise in Quiberon ist die berühmteste Conserverie der Bretagne. Ihre Produkte, vor allem verdoste Sardinen, findet man im Geschäft an der Rue de Kervozès hinter dem Fährhafen (Di–Sa 9.30–13 und 14.30–19 Uhr, So ab 10 Uhr, Mo geschlossen).

81 Armor-Lux

»La Marinière« – klassisch, modisch, zeitlos

Am 27. März 1858 veröffentlichte der französische Marineminister ein Reglement bezüglich einer Uniform für die Matrosen. Vorgeschrieben wird darin ein gestreiftes Shirt mit 21 weißen Streifen aus naturbelassener Baumwolle von 20 Millimetern Breite und 20 oder 21 blauen Streifen aus indigogefärbter Baumwolle von 10 Millimetern Breite. Angeblich ließ sich der Minister von den gestreiften Pullovern der bretonischen Fischer inspirieren.

Im 20. Jahrhundert machte das blau-weiße Shirt Karriere. Picasso, James Dean, Coco Chanel, Brigitte Bardot, Madonna und andere Berühmtheiten ließen sich im gestreiften Kleidungsstück ablichten, das von den Franzosen liebevoll »La Marinière« genannt wird. Fischer hingegen – sie sind ohnehin selten geworden – tragen den Klassiker kaum mehr. Eher noch sieht man Kellner eines Fischrestaurants im blau-weißen Look, vor allem aber sind es Touristen, die aus ihrem bretonischen Urlaub ein gestreiftes T-Shirt mit nach Hause nehmen, und dieses ist meistens von der Marke Armor-Lux.

Erfunden wurde die Marke 1938 – nicht von einem Bretonen, sondern von einem in die Bretagne ausgewanderten Schweizer, dem Basler Textilingenieur Walter Hubacher. Er gründete in Quimper die »Bonneterie d'Armor«, führte 1940 eine erste Strickmaschine ein, kaufte später eine Färberei dazu und wurde zum größten privaten Arbeitgeber der Stadt. Mit 86 Jahren verkaufte Hubacher 1993 seine Firma an zwei Bretonen, die seither die Produktpalette kontinuierlich erweitern und unter dem griffigen Markennamen Armor-Lux (Luxus klingt mit) für einen guten Vertrieb sorgen. In zahlreichen bretonischen Städten findet man ein Armor-Lux-Geschäft, und natürlich ist auch Onlineshopping möglich. Zusätzlich betreibt das Unternehmen in der Bretagne ein intensives Sponsoring bei kulturellen und sportlichen Events. Armor-Lux ist zu einem bretonischen Unternehmen par excellence geworden, das blau-weiß gestreifte Shirt zu seiner Ikone.

Adresse 21–23, Rue Louison Bobet, ZI de Kerdroniou Ouest, 29000 Quimper | Anfahrt im Osten der Stadt, über die D 365 erreichbar | Öffnungszeiten 9.30–19 Uhr (So ab 10.30 Uhr) | Tipp Le Sherlock Holmes im Zentrum von Quimper serviert sehr außergewöhnliche Burger (Rue Treuz, So und Di geschlossen).

82 Die Statue René Laënnec's

Ein schamhafter Arzt macht eine Erfindung

Der freundliche Mann, der von seinem Sessel aus mit der linken Hand zu dozieren scheint und in der rechten einen röhrenförmigen Gegenstand hält, hat mit seiner Erfindung die Medizin revolutioniert. Heute gehört das Abhorchen von Herz und Lunge mittels Stethoskop zu den Standarduntersuchungen jedes Hausarztes. Das war nicht immer so. Früher tasteten die Ärzte mit den Händen den Patienten ab oder hielten ihm das Ohr auf die Brust, um möglichen Unregelmäßigkeiten des Herzschlags auf die Spur zu kommen.

Der in Quimper geborene Arzt René-Théophile-Hyacinthe Laënnec (1781–1826) beschreibt in seinem 1819 erschienenen Werk »De l'Auscultation Médiate« (»Über die vermittelte Auskultation«), wie er drei Jahre zuvor zu seiner Erfindung kam. Er hatte das Auflegen des Ohrs an den Körper der Kranken für eine klare Diagnose schon immer für unzureichend gehalten. Zudem hielt er diese Methode bei Patienten weiblichen Geschlechts für nicht angebracht und bei fülligen, vollbusigen Frauen für gänzlich nutzlos. Als ihn 1816 eine mollige junge Frau wegen Herzbeschwerden aufsuchte, war ihm etwas mulmig zumute – was tun? Genau in diesem Moment erinnerte er sich an eine Straßenszene, die er gesehen hatte: Zwei Kinder spielten mit einem Rohr, das eine hielt das Rohr am Mund und schrie, das andere hielt das Rohr am Ohr, und beide lachten über den akustischen Effekt. Spontan nahm Doktor Laënnec ein Papier, rollte es zu einer Röhre, setzte es seiner Patientin auf die Brust und stellte zu seinem eigenen Erstaunen fest, dass er die Herzschläge viel lauter und klarer hörte als beim bisherigen Verfahren. Das war die Geburtsstunde des Stethoskops. Später verfeinerte Laënnec seine Erfindung, ersetzte das zusammengerollte Papier durch eine Holzröhre mit Trichteröffnung.

Das Stethoskop, das heute jeder Hausarzt in seinem Köfferchen mit sich führt, ist die vorläufig letzte Stufe einer Entwicklung, die Laënnec angestoßen hat.

Adresse Place Saint-Corentin, 29000 Quimper | Anfahrt im Südwesten der Bretagne, knapp 20 Kilometer von der Küste entfernt | Tipp Die Kathedrale Saint-Corentin gehört zu den berühmtesten Kirchenbauten der Bretagne.

83 Le Présidial

Das letzte Relikt eines Ensembles

Quimperlé ist ein Ort, dem man ansieht, dass er bessere Zeiten gesehen hat. Wer von der Kirche Sainte-Croix, die im 11. Jahrhundert nach dem Vorbild der gleichnamigen Kirche von Jerusalem gebaut wurde, die Rue Brémond d'Ars hochgeht, steht bald vor der malerischen Ruine der noch älteren Kirche Saint-Colomban. Ihr gegenüber zeigt sich eine bemerkenswert schöne Treppe, deren granitenes Geländer auf gedrechselten, säulenartigen Stützen ruht. Sie führt zu einer Balustrade hoch, ohne dass sich dem Besucher erschließen will, wozu diese gut ist. So großartig kann die Aussicht von dort – käme man überhaupt hinauf – auch wieder nicht sein.

Man muss sich schon das Bild auf der Erklärungstafel ansehen, um zu verstehen. Da, wo sich heute hinter der Treppe das Satteldach eines Hauses zeigt, stand früher ein weit größeres Gebäude. Zudem war die Konstruktion der Treppe symmetrisch, heute fehlt rechts ein Teil.

Das 1854 abgerissene Gebäude, zu dem die Treppe führte, war das »Présidial« aus dem Jahr 1683, das Gerichtsgebäude, in dem im Namen des Königs Recht gesprochen wurde. Auch der Stadtrat durfte hier tagen. Im Erdgeschoss hinter der Tür wurde Markt abgehalten, in einer Art Flur von 40 Metern Länge. Der Gestank war bestialisch, und die Nobilität, die im Obergeschoss zusammenkam, dürfte sich über die schöne Treppe gefreut haben, die ihr einen separaten Zugang zu den Räumen verschaffte. Auf Ansichtskarten aus dem frühen 20. Jahrhundert wird die Treppe mit »L'Escalier de la Prison« (Die Treppe des Gefängnisses) betitelt. Das Gefängnis des Présidial befand sich im Nachbarhaus rechts und wurde noch bis 1934 gebraucht.

Vom ehrwürdigen »Présidial« ist nur noch die schmucke Treppe erhalten. Der Markt findet schon längst in der neuen Halle gegenüber der Kirche Sainte-Croix statt. Das Erdgeschoss wurde gut durchlüftet und steht heute für Kunstausstellungen zur Verfügung.

Adresse 13bis, Rue Brémond d'Ars, 29300 Quimperlé | Anfahrt an der N 165, 22 Kilometer nordwestlich von Lorient | Tipp Das Bistrot de la Tour bei der Markthalle führt eine ausgezeichnete französische und bretonische Küche (So, Mo geschlossen).

84 Das Cap Mail

Wo Glas, Grün und Licht für Wohnqualität bürgen

Berlin hat mit den Galeries Lafayette ein schickes Kaufhaus bekommen, Luzern mit dem Kultur- und Kongresszentrum einen eleganten Kulturtempel, Paris prunkt mit dem Institut du Monde Arabe und dem gläsernen Bau der Fondation Cartier. Seit 2015 besitzt auch die Bretagne ein von Stararchitekt Jean Nouvel signiertes Werk: das Cap Mail.

Dass ein Mail einmal etwas anderes war als eine digital übermittelte Nachricht, ist heute in Vergessenheit geraten. In französischen Städten wird der Begriff auch für eine breite Allee mit einem Grünstreifen in der Mitte verwendet. Auf dem Grün wurde einst »Mail« gespielt, ein Vorläufer des Golfspiels, dem der Mail seinen Namen verdankt. Und exakt so einen Mail gibt es in Rennes, den Mail François Mitterrand.

Jean Nouvel ist für zweierlei bekannt. Zum einen muss für ihn ein Gebäude mit seiner unmittelbaren Umgebung zusammen gesehen werden, mit ihr in einen Dialog treten. Zum anderen spielen Licht und Glas eine entscheidende Rolle in seiner Architektur. Durch die Form eines riesigen Schiffes, dessen Bug am Kopfende (Kap) des Mails ins Stadtzentrum zeigt, korrespondiert das Cap Mail mit der vorüberziehenden Vilaine, die später in den Atlantik mündet. Die leicht begrünte Promenade zum Fluss hin findet ihr Pendant in der vegetativen Begrünung der großzügig verglasten Balkone. Dass sich seine Architektur im Wasser spiegeln und so dem Dialog eine zusätzliche Würze verleihen würde, hat Jean Nouvel bestimmt bei der Planung schon gewusst.

Im Erdgeschoss des zwölfstöckigen Baus breitet sich eine Design-Firma aus. Der restliche Teil inklusive der »Kommandobrücke« des Cap Mail ist Büros und 45 Wohneinheiten vorbehalten. Letztere teilen sich in diverse Kategorien auf, die größten Appartements verfügen über acht Zimmer auf mehr als 200 Quadratmetern Fläche. Für rund 7.000 Euro pro Quadratmeter wird luxuriöses, lichtdurchflutetes Wohnen garantiert.

Adresse 1–5, Mail François Mitterrand, 35000 Rennes | Tipp Gleich gegenüber dem Cap Mail und mit Blick auf dieses lädt der Coffeeshop Oh My Biche zu einem ausgezeichneten Brunch ein (18, Mail François Mitterrand).

85 Der Jardin du Thabor

Eine Oase in der Hauptstadt

Größtenteils ist der Park, der im Osten ans historische Stadtzentrum anschließt, ein Werk des 19. Jahrhunderts. Einzig der Name Thabor erinnert noch an die Anfänge: Die Mönche der nahen Abtei Saint-Mélaine, deren Kirche noch heute am Westende des Gartens steht, nannten den Hügel auf ihrem Gelände Thabor. Er erinnerte sie an den einsam aus der galiläischen Ebene herausragenden Berg Tabor, auf dem Christus seinen Jüngern erschienen sein soll. Mit dem biblischen Berg hat der Hügel von Rennes allerdings so wenig gemein wie das rheinland-pfälzische Städtchen Montabaur, dessen Namen sich ebenfalls vom Berg Tabor herleitet.

Die fleißigen Mönche benutzten ihren Thabor, der damals noch am Stadtrand gelegen war, vor allem als Obstgarten. Das ging gut, bis 1793 die französischen Revolutionäre den kirchlichen Besitz konfiszierten. Das Gelände wurde der Stadt Rennes überschrieben, die es durch Zukäufe und Enteignungen benachbarter Grundstücke beträchtlich erweiterte und in der zweiten Hälfte des 19. Jahrhunderts Landschaftsarchitekten beauftragte, den Park optimal zur Geltung zu bringen.

Vom Haupteingang an der Rue de Paris gelangt man erst in den Jardin des Catherinettes, der mit einem künstlichen Bach und einem Wasserfall der romantischste Teil des zehn Hektar großen Parks ist. Weiter oben öffnet sich das Gelände, und man steht vor einer pagodenartigen Voliere mit Tauben, Fasanen, Kanarienvögeln, Papageien, aber auch ganz ordinären Hühnern. Unterwegs grüßt als Statue der große bretonische Barde Glenmor (1931–1996), Protestsänger und Verfechter der bretonischen Sprache. Dann folgt im hinteren Teil ein französischer Garten, der mit der breiten Front der Orangerie harmonisiert. Am besten, man macht es wie die zahlreichen Einheimischen, durchstreift den Park kreuz und quer, freut sich an Blumen und Bäumen und genießt die Ruhe – eine Oase in der hektischen Hauptstadt.

Adresse Place Saint-Mélaine, 35000 Rennes | Öffnungszeiten März, April und Sept. 7.30–20 Uhr, Mai–Aug. 7.30–20.30 Uhr, Okt.–Feb. 7.30–18.30 Uhr | Tipp Im Ostteil des Parks schließt sich ein botanischer Garten an.

86 Die Synagoge

Zentrum des jüdischen Lebens in der Bretagne

Die deutschen Besatzer wollten es genau wissen. Sie verlangten im Herbst 1940 von den bretonischen Behörden eine Auflistung der ansässigen Juden. Die Pétain-Regierung hatte auch in der Bretagne willfährige Gehilfen ihrer deutschlandhörigen, antisemitischen Politik: Unter den rund 2,35 Millionen Einwohnern des heutigen Gebiets der Region wurden über 820 Juden gefunden. Ihre Registrierung stand am Anfang eines Wegs, der in vielen Fällen in Auschwitz endete. Die Zwischenstationen waren Diskriminierung, Berufsverbot, Plünderung, Enteignung. 249 der 820 registrierten Juden wurden in die Todesfabriken der Nazis geschickt.

Wie viele Juden heute in der Bretagne wohnen, ist schwer zu sagen, französische Volkszählungen erfassen die Religionszugehörigkeit nicht. Aber in Rennes haben sie eine Synagoge, es ist die einzige der Bretagne. Der moderne Bau in einem Wohngebiet entspricht nicht dem gängigen Bild einer Synagoge. Tatsächlich war das Gebäude früher ein städtisches Kulturzentrum, das der jüdischen Gemeinde überlassen wurde. Diese baute es nach ihren Bedürfnissen um und eröffnete 2002 die Synagoge.

Groß ist die jüdische Gemeinde von Rennes nicht. Der Rabbi unterrichtet in Paris und kommt nur Freitag und Samstag in die bretonische Hauptstadt. Oft hat man Mühe, das Minimum von zehn Männern zu finden, die für einen vollständigen Gottesdienst nötig sind. An hohen Feiertagen wie Jom Kippur oder zum jüdischen Neujahrsfest jedoch kommen auch Gläubige von weiter her, aus Saint-Malo oder Saint-Brieuc.

Die kleine jüdische Gemeinde ist sehr aktiv. Sie pflegt den Dialog mit anderen Religionen, lädt zu Vorträgen ein, organisiert Führungen durch die Synagoge, bietet Hebräischkurse an, und nicht zuletzt findet man hier eine hervorragende Mediathek mit Werken zur jüdischen Kultur und Geschichte und Romanen jüdischer Autoren von Edgar Hilsenrath bis zu Amos Oz und Charles Lewinsky.

Adresse 5, Allée du Mont Dol, 35000 Rennes | Anfahrt im Nordosten der Stadt, westlich des Parc des Gayeulles | Öffnungszeiten Mediathek Di 14.30–18 Uhr | Tipp Der nahe Parc des Gayeulles, mit 100 Hektar Fläche der größte der Stadt, lädt zu einem ausgedehnten Spaziergang ein.

87__Huîtrières du Château de Bélon

Austerndegustation in traumhafter Lage

Austern schmecken am besten, wenn sie noch leben, sie werden roh verzehrt. Er esse keine Austern, er esse nur tote Tiere, meinte der amerikanische Filmregisseur Woody Allen und entsagte damit der Delikatesse, die heute am Hafen von Riec-sur-Bélon die Gaumen der Besucher verwöhnt.

1859 experimentierte der Naturforscher Victor Coste als Erster mit künstlichen Austernbänken. Von der neuen Technik überzeugt, legte Auguste de Solminihac 1864 zusammen mit seinem Schwager in der Mündung des Bélon-Flusses eine Austernfarm an, die heute als Geburtsstätte der Bélon-Auster gilt. François de Solminihac, Urenkel von Auguste, setzt die Familientradition fort. Mit dem Herrenhaus, in dem schon sein Urgroßvater lebte, erbte er obendrein einen stattlichen Wohnsitz. Das Château steht mitsamt der alten Austernfarm als »monument historique« unter Denkmalschutz.

Das Besondere an der Bélon-Auster ist ihr Geschmack, und diesen verdankt sie dem Fluss. Die Tiere werden in der Mündung des Bélon, wo Salz- und Süßwasser sich mischen, dem Gezeitenwechsel ausgesetzt. Das Resultat ist ein Geschmack, der als »noisette« (Haselnuss) bezeichnet wird und durch den sich die Bélon-Auster von ihren bretonischen Artgenossen aus Cancale unterscheidet.

Neben den klassischen Huîtres creuses (Pazifische Auster) sind auch die im Geschmack kräftigeren, jodhaltigeren Huîtres plates (Europäische Auster) im Angebot. Bei schlechtem Wetter degustieren die Besucher im Innenhof, wo die Austern für den Verkauf nach Größe sortiert werden. Bei schönem Wetter setzt man sich an einen der langen Holztische im Freien mit Blick auf Hafen und Fluss, bestellt sechs oder zwölf Austern und ein Fläschchen Muscadet dazu. In einer so traumhaften Lage hätte Woody Allen vielleicht eine Ausnahme gemacht und ein lebendes Tier verzehrt.

Adresse Port de Bélon, 29340 Riec-sur-Bélon | Anfahrt von Concarneau 20 Kilometer auf der D 783 in östlicher Richtung bis Riec-sur-Bélon, dort Richtung Port de Bélon abzweigen | Öffnungszeiten täglich 10.30 – 18 Uhr (April – Okt. bis 19 Uhr) | Tipp Am anderen Ufer der Flussmündung liegt die Plage de Kervany, ein traumhafter Sandstrand, erreichbar über Riec-sur-Bélon, Moëlan-sur-Mer.

88__Das Naïa Museum

Im Reich des Imaginären

Als der amerikanische Maler Alfred Klots 1908 die Ruinen des Schlosses von Rochefort-en-Terre kaufte, um daraus seinen Wohnsitz zu bauen, hauste möglicherweise im dunklen Gemäuer eine verrunzelte alte Frau, bei den Dorfbewohnern als Naïa bekannt. Sie soll sich mit Pflanzen ausgekannt haben, als Heilerin tätig gewesen sein, als Wahrsagerin und mehr. Der Romancier und Fotograf Charles Géniaux hatte Naïa nicht nur besucht und 1899 über sie geschrieben, sie ließ sich von ihm auch fotografieren. Heute ist sie längst tot, und das Schloss ist in kommunalem Besitz.

In welcher Ecke der Schlossruine die geheimnisumwitterte Naïa wohnte, ist nicht bekannt, möglicherweise aber gerade dort, wo das Naïa Museum seine Räume hat. Jedenfalls war sie die ideale Namensgeberin, als das Künstlerpaar Patrice Hubert und Manu Van H. 2015 sein »Museum der imaginären Künste« eröffnete. Es versammelt Kunst, die nur schwer auf einen Begriff zu bringen ist: phantastisch, surrealistisch, spirituell, visionär. Einiges mutet esoterisch an, lässt an New Age denken, anderes scheint von HR Giger (von dem übrigens eine »Li II« ausgestellt ist) inspiriert. Vom Museumsgründer Patrice Hubert rotiert zu einem sanften Sound eine monumentale Metallskulptur.

Patrice Hubert und Manu Van H. sind gut vernetzt und mit Künstlern aus vielen Ländern in Kontakt. Das Museum der imaginären Künste wechselt seine Ausstellung jährlich. Ein Teil der Exponate bleibt, neue kommen hinzu, Werke treten miteinander in Kommunikation, irritieren den Betrachter. Die Inszenierung der Kunst ist selbst eine Kunst, und diese beherrschen die beiden Kuratoren meisterhaft.

Den letzten Raum betritt man über den Garten: Es ist ein Keller aus dem 13. Jahrhundert, und ganz hinten in der Ecke trifft man auf eine kleine Dokumentation über Naïa. Sie ist die heimliche Muse dieses phantastischen Museums.

Adresse 14, Rue du Château, 56220 Rochefort-en Terre | **Anfahrt** auf halber Strecke zwischen Redon und Vannes, Abzweig von der D 775 | **Öffnungszeiten** April–Sept. 10.30–18.30 Uhr, Okt. 11–18 Uhr | **Tipp** Die Auberge Saint-Hernin im Nachbardorf Pluherlin serviert eine deftige bretonische Küche.

89 Solid'ère – Solid'art

Praktizierte Solidarität

Im idyllischen Rohan trifft man gleich dreimal auf Solides: Am Dorfplatz hat sich die »Boutique Solid'ère« eingerichtet, etwas weiter unten findet man den Trödelladen »Solid'ère Meubles« und das Atelier »Solid'art«. Natürlich hängt das alles miteinander zusammen.

Als treibende Kraft hinter den drei Örtlichkeiten steht Michel Hermelin. Mit 60 Jahren verließ der einstige Konzessionär für Honda-Motorräder seine Firma, um sich gänzlich seinem Projekt zu widmen. Er wollte der Kunst in dieser ländlichen Gegend Raum geben, die kreativen Kräfte wecken, die in jedem Individuum schlummern, oft aber nicht wahrgenommen werden. 2014 gründete er »Rohan-Solid'art« und fand ein Lokal, in dem seither Malkurse und andere kreative Tätigkeiten im Zentrum stehen. Am liebsten hätte Hermelin dies alles gratis angeboten, doch ist er Realist genug: Die Raummiete muss bezahlt werden, und die Künstlerinnen, die unterrichten, sind eher nicht auf Rosen gebettet. Heute kostet der Kurs zwei Euro pro Teilnehmer, die Lehrerinnen werden trotzdem korrekt bezahlt.

Um die Finanzierung sicherzustellen, gründete der rührige Mann einen Secondhandshop, die Boutique Solid'ère, deren Name sich in der Aussprache von »solidaire« (solidarisch) nicht unterscheidet. Die Leute bringen, was sie nicht mehr brauchen, und kaufen zu Billigstpreisen ein, was sie brauchen. Und da viele oft auch alte Möbel loswerden wollen, kam zur Ergänzung ein Trödelladen für Tische, Stühle, Bilderrahmen und mehr hinzu. Solid'ère pflegt in doppelter Hinsicht Solidarität: Die Malkurse sind finanziert, und Menschen, die aus dem Arbeitsprozess herausgefallen sind – Rentner, Kranke, Behinderte –, finden als Freiwillige eine sinnvolle Tätigkeit und stehen wieder mitten im sozialen Leben. Die Boutique ist schon längst zu einem Treffpunkt geworden. Michel Hermelin wirkt zufrieden. Aber bestimmt hat er schon die nächste Idee im Kopf.

Adresse 2, Rue du Cuir Vert, 56580 Rohan (Boutique Solid'ère); 21, Rue Notre Dame, 56580 Rohan (Solid'ère Meubles) | **Anfahrt** 18 Kilometer östlich von Pontivy, 50 Kilometer nördlich von Vannes, auf der D 767 bis Guernic, dann rechts in die D 17 | **Öffnungszeiten** Di – Sa 14.30 – 17.30 Uhr (Boutique Solid'ère); Mi und Sa 10 – 12 und 14.30 – 18 Uhr, Fr 14 – 18 Uhr (Solid'ère Meubles) | **Tipp** Knapp vier Kilometer südöstlich liegt die Zisterzienserabtei Notre-Dame de Timadeuc, gleich dahinter der Nantes-Brest-Kanal.

90 Der rote Doppeldecker

Endstation Streetham High Road in Roscoff

Wer nach Roscoff fährt, kommt zwangsläufig an einem großen Kreisel im Süden der Stadt vorbei. Dort steht mitten in einer kleinen Wiese auf seinem privaten, betonierten Parkplatz ein roter Bus, wie man sie früher in London gesehen hat. Ein nostalgischer Engländer fährt zurück, schießt ein Foto, und da er schon einmal ausgestiegen ist, sieht er auch, wo er ausgestiegen ist, vor dem »WBS – Wine Beer Supermarket«, und deckt sich mit ein paar Flaschen ein. So funktioniert gute Werbung.

Der rote Doppeldecker – ein Exemplar der in London längst ausgemusterten Roadmaster-Serie – steht in keinem weiteren Bezug zum Supermarkt, der ihn hier platziert hat, aber er ist ein Symbol für die traditionelle Verbundenheit Roscoffs mit der britischen Insel. Insofern hätte ihn mit gutem Grund die Gemeinde selber als Werbemittel einsetzen können.

Die Beziehungen Roscoffs mit England führen ins 19. Jahrhundert zurück. Die Stadt sanierte ihren Etat mit Steuern auf importierten Whisky, und umgekehrt exportierten die Roscovites ihre Zwiebeln. Die »Zwiebeljohnnies« genannten Direktverkäufer überquerten noch bis zum Ersten Weltkrieg den Kanal und fuhren mit schwer beladenen Fahrrädern von Plymouth aus die englische Südküste ab, um ihre tränentreibenden Knollen loszuschlagen. Heute ist die rosafarbene Roscoff-Zwiebel mit einem AOC-Label gesetzlich gegen die Billigkonkurrenz geschützt. Die Zwiebeljohnnies sind Geschichte, die Verbundenheit mit England bleibt: Nebst Saint-Malo ist Roscoff der einzige bretonische Hafen, der eine Fährverbindung mit der Insel unterhält. Hauptsächliches Transportgut sind heute englische Touristen, auf die man in den Bars der Hafenstadt trifft.

Der rote Doppeldecker Nummer 106 auf dem Platz fährt nicht mehr, wie angekündigt, zur Streatham High Road. Er könnte es auch gar nicht mehr, zu verrostet sind Steuerrad und Armaturenbrett. Als Symbol aber macht er sich ganz gut.

Adresse Keravel, D 58, 29680 Roscoff | Anfahrt am Ende der D 58 an der Nordküste gelegen | Tipp Über die Zwiebeljohnnies und die Roscoff-Zwiebel informiert die Maison des Johnnies et de l'Oignon de Roscoff (48, Rue Brizeux, Mai–Mitte Sept. Mo–Fr 10–12.30 und 14.30–17 Uhr).

91 L'Anse de Sordan

Wo des Romantikers Herz höherschlägt

In den 1920er Jahren bekam die Bretagne einen neuen See. Für ein Wasserkraftwerk bei Saint-Aignan wurde der Bavet gestaut und wuchs sich zu einem breiteren Gewässer aus. Dieses erhielt den Namen Lac de Guerlédan, was sich vom bretonischen Ausdruck »gouer ledan« ableitet und nichts anderes als »breites Bächlein« bedeutet. Ein Blick auf die Karte zeigt denn auch kaum mehr als einen verbreiterten Bavet, der sich schlangenförmig durch die grüne Landschaft zieht. Ganz nebenbei wurde mit dem Bau der Staumauer auch der erst 70 Jahre zuvor fertiggestellte Nantes-Brest-Kanal entzweigeschnitten, doch hatte der Transport auf der Schiene den teureren Wasserweg schon längst abgelöst.

Auf seiner Südseite ist der Lac de Guerlédan nur an einer einzigen Stelle problemlos zugänglich, an der Anse de Sordan, einer kleinen Bucht, zu der hin das bewaldete Gelände sanft abfällt. Die idyllische, windgeschützte Örtlichkeit hat eine kleine Infrastruktur entwickelt: Camping, Imbissbude und Restaurant. Ein paar Schiffchen dümpeln im Wasser, es wird gebadet, und wer nicht mit dem eigenen Kajak unterwegs ist, findet einen Ersatz beim Tretbootverleih. Einzig ein Motorboot, das mit einem Wasserskifahrer an der Leine über den See brettert, zerreißt gelegentlich die Stille.

Der legendäre Zauberer Merlin soll bretonischen Märchenerzählern zufolge weiter östlich in den Wäldern der Brocéliande gelebt haben, doch ebenso gut kann man sich die verwunschene Anse de Sordan als sein Domizil vorstellen. So dachte wohl auch der holländische Wirt, der hier in bester Lage ein Restaurant eröffnete und dieses »Merlin« nannte. Die Speisekarte ist schmal, der Koch legt Wert auf regionale, wenn möglich biologische Produkte, die er hervorragend zubereitet. Die Plätze auf der Terrasse sind begehrt. Wem hier bei Sonnenuntergang und Blick auf die stille Bucht das Herz nicht höherschlägt, dem ist nicht zu helfen.

Adresse 56480 Saint-Aignan | Anfahrt Lac de Guerlédan auf halber Stecke zwischen Rennes und Brest, von beiden knapp 120 Kilometer entfernt, an der N 164 | Tipp Im Dörfchen Saint-Aignan informiert das Musée de l'Électricité über die Elektrizitätsgewinnung am Lac de Guerlédan (April–Mitte Sept. Di–Sa 10–12.30 und 14–18 Uhr).

92 Das Marais de Lasné

Stelzenläufer, Säbelschnäbler und eine Salzbäuerin

Im EU-Netzwerk »Natura 2000« ist das Marais de Lasné als Vogelschutzgebiet ausgewiesen, das strengen Richtlinien unterliegt. Tatsächlich nistet in den Sümpfen bei Saint-Armel allerlei Gefieder. Ornithologen können verschiedene Gänsearten, Reiher, Eisvögel und Spezies mit so schönen Namen wie Stelzenläufer und andere Säbelschnäbler beobachten.

Das Departement Morbihan, seit 1978 Besitzer der Sümpfe, ist in letzter Instanz zuständig für die praktische Umsetzung der »Natura 2000«-Richtlinien. Für das Marais de Lasné haben die Behörden neben einer geschützten Zone für Vögel auch Platz gelassen für zwei in der Gegend traditionelle Metiers, die Austernzucht und die Salzgewinnung. Neben dem Häuschen des Austernzüchters am Rand des Marais steht eine »Salorge«, wie die Depots genannt werden, in denen das Salz nach der Ernte zwischengelagert wird.

Die Konzession für die Salzgewinnung im Marais ging 2017 an Nathalie Krone, die seither weit und breit die einzige selbstständige Salzbäuerin ist. Gelernt hat sie das Metier in Guérande, der Hauptstadt des »weißen Goldes«. Im Marais de Lasné bearbeitet sie eine Saline mit 24 »œillets«, wie die Bassins heißen, in denen das Salz kristallisiert. Die Entscheidung, lieber selbstständig einen Kleinbetrieb zu führen, als in den großen Salzfeldern von Guérande zu arbeiten, hieß für sie auch, den ganzen Prozess von der Produktion bis zum Verkauf in die eigenen Hände zu nehmen: die Überwachung der Bassins, das Ernten des Salzes mit dem Rechen, Lagerung, Verpackung und Vertrieb.

Die tatkräftige Nathalie findet daneben noch Zeit, Führungen durch ihr Salzreich zu veranstalten, bei denen sie alles rund ums Salzkorn und ihre Arbeit erklärt. Das Interesse ist groß, mittlerweile bietet sie auch spezielle Familienführungen an, bei denen sie Kinder zum Staunen bringt. Dass sie sich auch in der Welt der Vögel auskennt, versteht sich von selbst.

Adresse 87 – 117, Route de Tascon, 56450 Saint-Armel | **Anfahrt** 20 Kilometer südlich von Vannes, Abzweig von der Straße zur Halbinsel Rhuys | **Öffnungszeiten** Führungen auf Voranmeldung, Daten und Uhrzeiten unter Tel. +33(0)297536969 (Office de Tourisme, Vannes) | **Tipp** Spazieren oder fahren Sie bei Ebbe zur vorgelagerten Insel Tascon, die ebenfalls ein Vogelparadies ist.

93 Die Russin

Blaues Blut im bretonischen Badeörtchen

Geboren wurde sie 1876 als Victoria Melita von Sachsen-Coburg und Gotha, als Enkelin der britischen Königin Victoria durfte sie sich auch Princess Victoria of Edinburgh nennen. Mit ihrem ersten Mann, einem Cousin väterlicherseits (gemeinsame Großmutter war die englische Queen), erheiratete sie sich den Titel einer Großherzogin von Hessen und bei Rhein, mit ihrem zweiten Mann, einem Cousin mütterlicherseits (gemeinsamer Großvater war Zar Alexander II.), den einer Großfürstin von Russland.

Was hat die so titelbeladene Dame im Badeörtchen Saint-Briac-sur-Mer zu suchen? Schuld ist die Russische Revolution von 1917. Victoria Melita genoss mit ihrem zweiten Ehemann Kyrill Wladimirowitsch Romanow das luxuriöse Leben am russischen Zarenhof in vollen Zügen, als die Bolschewiki sich an die Macht putschten und die Romanows aus ihren Palästen vertrieben. Das großfürstliche Paar hielt sich erst in Finnland, dann in Coburg auf, bevor es 1921 Saint-Briac zur endgültigen Bleibe wählte und sich hier ein Haus kaufte. 1924 ernannte sich Kyrill selbst zum »Zar im Exil«, schließlich stand ihm nach russischem Thronfolgerecht die nicht mehr erreichbare Krone zu.

Während ihr Mann sich auf dem nahen Golfplatz herumtrieb und als Zar im Exil einen ausgiebigen politischen Briefwechsel unterhielt, um seinen Thronanspruch zu unterstreichen, kümmerte sich Victoria Melita um die Erziehung der drei Kinder, widmete sich der Kunst und schrieb nebenbei auch noch ein Gebetbuch. Die fürstliche Dame soll bei der Bevölkerung sehr beliebt gewesen sein. Ihre Nachkommen wohnten in vierter Generation noch bis 2002 in Saint-Briac.

Victoria Melita erlitt einen Schlaganfall, als sie sich 1936 zur Taufe eines ihrer Enkel in Deutschland aufhielt. Erst in Coburg bestattet, wurden ihre sterblichen Überreste 1995 in die berühmte Romanow-Gruft der Peter-und-Paul-Kathedrale von St. Petersburg überführt.

Adresse Boulevard de la Mer / Rue du Moulin, 35800 Saint-Briac-sur-Mer | Anfahrt an der Nordküste, 8 Kilometer westlich von Dinard | Tipp Der Strand von Port Hue beim Golfplatz garantiert gezeitenunabhängiges Badevergnügen.

94 Das Atelier du Bois Ludik

Das Atelier du Bois Ludik – Wo Arbeit Vergnügen macht

Die Idee ist so einfach wie überzeugend: Kinder machen ihr Spielzeug selbst. Statt im Supermarkt zwischen einer roten und einer blauen Plastikente zu wählen, lernen sie in der Werkstatt den Unterschied zwischen den Hölzern von Buche, Ahorn und Kirschbaum kennen. Schleifmaschine, Bohrer, Sägen, Hammer, Zangen und anderes Werkzeug liegen bereit. Die Idee im Kopf wird zum Entwurf auf Papier, dann wird das passende Holz ausgewählt, und los geht's, erst zögerlich, dann mit zunehmendem Spaß.

Das Atelier du Bois Ludik setzt auf die in jedem Kind schlummernden kreativen Fähigkeiten und auf das Bedürfnis zu basteln. Da braucht es nur noch eine gute pädagogische Begleitung. Diese garantieren Gweltaz Henry, ein professioneller Schreiner, und Sylvia Guichard, die – learning by doing – zur passionierten Hobbyschreinerin geworden ist. Die beiden Leiter des Ateliers beraten die jungen Kunsthandwerker bei der Konzeption, erklären, wie man mit Schweifsäge und Brandkolben umgeht, und legen, wenn nötig, auch selbst Hand an. Resultate des fröhlichen Hämmerns, Sägens, Leimens und abschließenden Bemalens sind einfache oder handwerklich anspruchsvollere Spielzeuge oder ein schön dekorierter Gebrauchsgegenstand als Geschenk für die Eltern … und strahlende Kinderaugen.

Nicht wenige Eltern, die ihre Kinder ins Atelier brachten und ein bisschen zu lange zuschauten, wurden selbst angesteckt. Längst werden auch Kurse für Erwachsene angeboten, die hier eine Erfahrung machen, die sie in ihrem Beruf oft vermissen: Arbeit kann auch Vergnügen sein. Für Interessierte, die den Weg zum Hafen nicht gehen können, kommt das Atelier ins Haus. Dieses kann ebenso gut ein Pflegeheim oder Krankenhaus sein wie ein Gefängnis. Für sein bald 20-jähriges, vielfältiges Engagement wurde das Atelier du Bois Ludik 2018 von der Eisenbahnstiftung mit dem Preis »Coups de cœur solidaires« ausgezeichnet.

Adresse Carré Rosengart, 16, Quai Armez, 22000 Saint-Brieuc | Anfahrt an der Nordküste, Atelier am Yachthafen, direkt unter dem hohen Viadukt über den Gouët | Tipp Ruhe vor dem geschäftigen Saint-Brieuc findet man im 20 Kilometer südwestlich gelegenen Quintin, einer »Petite Cité de caractère«.

95__Die Säule

Was hat Fürst Albert II. in Saint-Cast zu suchen?

Hoher Besuch in Saint-Cast am 5. Juli 2012, 14.45 Uhr: Seine Durchlaucht Albert Alexandre Louis Pierre Rainier Grimaldi, seit 2005 als Fürst Albert II. von Monaco bekannt, legt am Fuß der »Colonne« (Säule) einen Kranz nieder und weiht den Place Charles-Maurice Grimaldi de Monaco ein. Was hat das monegassische Staatsoberhaupt bei der Säule von Saint-Cast verloren?

Die bretonischen Verbindungen des Fürstentums reichen bis ins 13. Jahrhundert zurück, als ein gewisser Sire de Goyon aus Matignon, dem Nachbarort von Saint-Cast, eine Dame aus dem Haus Grimaldi ehelicht und damit ganz nebenbei auch die Finanzierung des Fort La Latte an der Küste sicherstellt. Rund 500 Jahre später, 1753, erbt ein Spross der weitverzweigten Grimaldi-Familie die Lehnsherrschaft über Matignon und Saint-Cast, ebenjener Charles-Maurice, nach dem der gepflegte Platz um die Säule benannt ist. Seine Präsenz fällt in die Zeit des Siebenjährigen Krieges (1756–1763), in dem sich – in gegnerische Koalitionen eingebunden – Großbritannien und Frankreich gegenüberstehen.

Die Schlacht von Saint-Cast 1758 – bei der Charles-Maurice de Grimaldi bestenfalls zusah – war eine der wenigen Schlachten im Siebenjährigen Krieg, die auf französischem Boden ausgetragen wurde, und die einzige, in der die Franzosen, unterstützt von bretonischen Freiwilligen, siegreich waren. Napoleon III. nahm den 100. Gedenktag der Schlacht zum Anlass, eine Siegessäule errichten zu lassen – »zu Ehren der Bretonen«, wie die Inschrift verrät. »La Colonne« ist fast 18 Meter hoch, sodass man die gusseiserne Skulptur, die sie krönt, besser mit dem Fernglas betrachtet: Ein Windhund hält einen Leoparden niedergedrückt. Der Windhund gehört zur Heraldik der Bretagne, insbesondere kennt man ihn im Zusammenhang mit der bei den Bretonen beliebten Anne de Bretagne. Der Leopard ist noch heute im englischen Königswappen zu finden.

Adresse Place Charles-Maurice Grimaldi de Monaco, 22380 Saint-Cast-le-Guildo | **Anfahrt** an der Nordküste zwischen Saint-Malo und Saint-Brieuc | **Tipp** Das märchenhafte Fort La Latte an der Küste liegt circa 17 Kilometer entfernt (April–Juni und Sept. 10.30–18 Uhr, Juli, Aug. 10–18.30 Uhr, Okt. 11–17 Uhr).

96__Der Austernautomat

Lebende Tiere im Schließfach

Auf dem Bildschirm die Nummer des Produkts eingeben – Kreditkarte einführen – PIN eingeben – das Produkt dem Fach entnehmen. Das kennt man von Zigarettenautomaten. Aber geht das auch mit so delikaten Produkten wie Austern? Es geht. Die Brüder und Austernzüchter David und François Batard haben das Experiment gewagt, und der Erfolg gibt ihnen recht.

Der Weg einer Auster von Marennes-Oléron, Frankreichs größtem Zentrum der Austernzucht, bis zum Tisch im Pariser Gourmet-Restaurant ist 500 Kilometer lang, der Kunde dort möchte frische Ware. Das zieht logistische Probleme mit sich: Kühltransporter auf der Autobahn, Großverteiler, Markt und mehr. Solche Probleme kennen die Brüder Batard nicht. Ihre Austern kommen aus der Bucht von Arguenon, von zu Hause also, Transportweg allenfalls ein paar hundert Meter. Ihre Werbung »Vom Produzenten direkt zum Konsumenten« weist darauf hin, dass sie den Zwischenhandel ausschalten. Die Position des Zwischenhändlers nimmt der Austernautomat ein, der kostet schließlich auch etwas, aber er gehört ihnen.

In den 20 einsehbaren Fächern liegen die Austern in Kistchen zu zwölf oder 24 Stück, Größen 2 und 3. Das Verpackungsdatum ist angegeben, die Delikatesse bleibt bei einer vom Automaten geregelten Temperatur von zwei bis sechs Grad bis zu vier Tage frisch. Haben die Austern bis dann keinen Käufer gefunden, werden sie ausgewechselt. Die Tiere werden schließlich lebend verzehrt. Austern liefert der Automat in der Regel in den Monaten mit »r«, also September bis April, von Juni bis Dezember können auch Muscheln bezogen werden.

Der Austernautomat wurde übrigens in Deutschland konstruiert, wo man dieselbe Technik benutzt, um Gemüse bei einer regulierbaren Temperatur frisch zu halten. Eigentlich fehlt der freundlichen Anlage nichts außer einem Getränkeautomaten, dem man den passenden Wein entnehmen könnte, vielleicht einen Muscadet.

Adresse ZA La Ville Neuve, 22750 Saint-Jacut-de-la-Mer | **Anfahrt** an der Nordküste, von Dinard in westlicher Richtung auf der D 168, dann auf die D 26 abzweigen | **Öffnungszeiten** täglich, rund um die Uhr | **Tipp** Bei Flut kann man an der Plage Châtelet, an der Ostseite der Landspitze, ein Surfbrett mieten.

97 Der Calvaire von Tronoën

Wo sich Surfer segnen lassen

Mitten in der Heidelandschaft steht neben der schmucken gotischen Kapelle Notre-Dame-de-Tronoën der älteste der großen »Calvaires« (Kalvarienberge) der Bretagne. Er wird in die Jahre 1450 bis 1470 datiert, entsprechend verwittert ist er. Auch die nahe, salzige Meeresluft hat an ihm genagt.

Der granitene Bilderreigen erzählt die wichtigsten Stationen der Biografie Christi, wobei nicht unbedingt auf den chronologischen Ablauf geachtet wurde. Allgemein gilt, dass die Ereignisse im Gegenuhrzeigersinn zu lesen sind, erst der untere Fries, dann der obere. Der Zyklus beginnt mit der Verkündigung an der Ostseite rechts unten und setzt sich auf der Nordseite mit der Geburt Christi fort. Letztere Szene weicht von den üblichen Darstellungen in auffälliger Weise ab: Der sitzende Joseph ist eingenickt, daneben liegt mit entblößtem, üppigem Busen und sehr langen Haaren die Mutter Maria. Das eben geborene Jesuskind ist schon ein paar Jahre alt und erteilt bereits mit seiner Rechten den Segen. Andere Bilder sind schwerer zu entziffern, selbst bibelfeste Betrachter sind angesichts der verwitterten Figuren oft unsicher. Wer ein bisschen Französisch versteht, orientiert sich an den Tafeln, die bei der Interpretation auf die Sprünge helfen.

Seit die Kapelle steht, findet hier jährlich ein »Pardon« statt, wie die meist lokale Wallfahrt bei den Bretonen heißt. Die zahlreichen bretonischen Heiligen nehmen ebenso zahlreiche Schutzherrschaften wahr: Fischer haben ihren Patron, Juristen, Schwerhörige und sogar das Hornvieh. Die Notre-Dame-de-Tronoën nimmt seit 2012 auch die Surfer unter ihren Schutz. Auch dem Wassersportler drohen schließlich Gefahren. Seither sieht der jährliche Pardon bei der Kapelle bunter aus. Zu den eher dezent gekleideten Einheimischen gesellen sich junge Sportler in bunten Anzügen, posieren mit bunten Brettern und lassen sich segnen. Schaden kann's nicht.

Adresse 198B, Rue de Tronoën, 29120 Saint-Jean-de-Trolimon | Anfahrt Calvaire an der Westküste, circa 25 Kilometer südwestlich von Quimper | Tipp Knapp zehn Kilometer entfernt liegt der fotogene Eckmühl-Leuchtturm – nur 307 Stufen, und Sie sind oben.

98 Die Megalithen

Im Schnittpunkt frühgeschichtlicher Kulturen

Weniger bekannt als die vom Massentourismus heimgesuchten Megalithfelder von Carnac sind die über rund 200 Hektar zerstreuten Megalithen von Saint-Just; man hat hier noch die Chance, mit den Steinen allein zu sein.

Beschrieben wurden die Megalithen bereits Mitte des 19. Jahrhunderts, gerieten dann aber in Vergessenheit und verschwanden im Ginstergebüsch. Erst drei Großbrände, der letzte 1989, brachten die stummen Zeugen der menschlichen Frühgeschichte wieder ans Tageslicht, und jetzt wurde eifrig gegraben und geforscht. Gleich am Anfang des Parcours, der sich bis zu zwei Stunden ausdehnen lässt, stehen die fotogenen »Alignements du Moulin«, drei Menhirreihen, zwei davon streng von Westen nach Osten ausgerichtet, die nördliche aus weißem Quarz, die südliche aus Schiefer – eine Unterschiedlichkeit, für die man bislang noch keine befriedigende Erklärung gefunden hat.

Mehr oder weniger schlecht markiert führt der Weg zum »Château Bû« (Schloss des Ochsen), einer ebenso interessanten wie komplizierten Stelle. Unter dem ovalen Hügel von 35 Metern Länge und 25 Metern Breite wurde ein Dolmen mit Gang und Seitenkammern entdeckt, ein Boden aus Schieferplatten, Werkzeug, Keramik und menschlichen Knochen. Was die Wissenschaftler stutzig machte: Offenbar wurde das ursprüngliche megalithische Kollektivgrab, das auf 4500 vor Christus geschätzt wird, circa 2000 vor Christus mit Erde zugeschüttet, um drei individuelle Gräber anzulegen, deren Beigaben eindeutig auf die Bronzezeit schließen lassen. Der Laie steht etwas ratlos da und versucht, sich anhand der Skizzen Klarheit zu verschaffen. Etwas weiter nördlich fand man eine gebrochene Stele mit Kreuz, vermutlich aus dem 9. Jahrhundert nach Christus; auch die Christen drückten der Kultstätte ihren Stempel auf. Vieles ist noch unklar, und einiges fehlt auch, da die Bauern der Umgebung – Stein ist Stein – Baumaterial für ihre Häuser brauchten.

Adresse 35550 Saint-Just | Öffnungszeiten 20 Kilometer nordöstlich von Redon, Abzweig von der D 177 nach Rennes | Tipp Das Café des Landes im Ortszentrum serviert über Mittag ein »Arbeitermenü« – Hausmannskost, spottbillig und gut (Mo geschlossen).

99 Das Ex-Grand-Hôtel

Finanzspritze aus Haiti

Dinard war in den 1870er Jahren ein renommierter Urlaubsort für reiche Engländer geworden, die Grundstückspreise stiegen. Das brachte zwei clevere Bankiers auf die Idee, ins benachbarte Saint-Lunaire auszuweichen. Sie kauften Land, gründeten Aktiengesellschaften, bauten Villen und an bester Stelle ein Grand Hôtel. Danach stießen die Financiers bald an ihre Grenzen. Die Rettung kam aus dem fernen Haiti.

Sylla Laraque, Spross einer alteingesessenen haitianischen Familie, ist mit dem Export von Kaffee und mit Spekulationen an der Börse ein schwerreicher Mann geworden. Als er während politischer Unruhen ins Visier der Regierung gerät, hat er bereits einen Teil seines Vermögens nach Frankreich transferiert. 1885 packt er seine Koffer und schifft sich nach Le Havre ein, 1888 taucht er in Saint-Lunaire auf; ein Jahr später hat er das Grand Hôtel in seinen Besitz gebracht. In den Folgejahren errichtet er je nach Quelle 17 bis 21 Villen auf Gemeindeboden, schließlich ist er mit einer zahlreichen Verwandtschaft gekommen.

Laraque kommt das Verdienst zu, das Grand Hôtel in eine erstrangige Adresse verwandelt zu haben. Er baute ein Casino ein, stattete die Zimmer mit individuellen Bädern aus, das ganze Haus wurde – die Glühbirne war noch kaum erfunden – elektrifiziert. Die illustre Kundschaft kam in Strömen, und in Strömen floss auch der Wein, den Laraque aus seinen tunesischen Gütern herbeischaffen ließ. Im Ersten Weltkrieg dann wurde das Hotel als Krankenlager requiriert, im Zweiten Weltkrieg diente es den deutschen Besatzern als Kommandantur. 1954 stückelten die letzten Besitzer den stolzen Bau in Appartements auf.

Als Sylla Laraque 1924 starb, hinterließ er 24 Kinder von vier Ehefrauen und drei Mätressen. Sein Grab liegt auf dem Pariser Prominentenfriedhof Père-Lachaise, in Saint-Lunaire erinnert an der Strandpromenade vor dem Grand Hôtel eine Granitstele an ihn.

Adresse Boulevard du Général de Gaulle, 35800 Saint-Lunaire | Anfahrt an der Nordküste, westlich von Dinard | Tipp Eine Pause vom Badetrubel: Am südöstlichen Ortsrand lädt die grüne Vallée de l'Amitié zu einem Spaziergang am Crèvelin-Bach entlang ein.

100 Die Pointe du Décollé

Ungefährliche und gefährliche Spaziergänge

In den 1880er Jahren herrschte in Saint-Lunaire Aufbruchsstimmung. Das Ziel war hochgesteckt: In der Gemeinde träumte man von einem »Biarritz der Bretagne«, das mit dem benachbarten Seebad Dinard konkurrieren sollte. Aktiengesellschaften wurden gegründet und neue Villen gebaut, wobei die Pointe du Décollé eine besonders beliebte Adresse war. Zum damaligen Optimismus passt ein Doppelbeschluss des Gemeinderats, eine neue Kirche zu bauen und auf die Pointe du Décollé ein großes, granitenes Kreuz zu stellen. Letzteres ist fünf Meter hoch und 25 Tonnen schwer, angeblich wurden 32 Pferde und 60 starke Männer eingesetzt, um es von der Steinmetzwerkstatt in Rennes bis hierher zu transportieren. Finanziert wurde das Kreuz von Saint-Lunaires reichsten Bürgern, die sich in erster Linie damit ihr eigenes Denkmal setzten. Natürlich sollte das Kreuz auch einen uneigennützigen Auftrag bekommen, und so entschied man nebenbei, es möge die Seeleute schützen. Am 11. Juli 1880 wurde das Denkmal mit großem Pomp eingeweiht.

Der Weg zum Kreuz ist bei Einheimischen wie auch bei Touristen beliebt und völlig ungefährlich, zumal links und rechts eine starke Mauer die Spaziergänger vor dem Abgrund schützt. Etwas riskanter ist die Fortsetzung hinter der Mauer, wo die Stummelruine eines früheren Wachtturms steht. Links von ihr führt eine steile Felsentreppe zur Feengrotte hinunter, die man allerdings nur bei Ebbe erreicht. Ganz Wagemutige versuchen vom Wachtturm über die Felsen bis zur Spitze der Landzunge zu gelangen. An welcher Stelle genau der Maler Geoffroy Dauvergne 1977 tödlich abgestürzt ist, ist nicht bekannt.

Der vorsichtige Zeitgenosse beschränkt sich auf den sicheren Weg zum Granitkreuz und genießt die grandiose Aussicht: Im Osten reicht der Blick bis zur ummauerten Korsarenstadt Saint-Malo, im Westen bis zum Fort La Latte mit dem dahinterliegenden Cap Fréhel.

Adresse 35800 Saint-Lunaire | Anfahrt an der Nordküste, westlich von Dinard | Tipp Direkt auf der Pointe du Décollé serviert das Restaurant Le Décollé eine hervorragende Fischküche, bei schönem Wetter sitzt man auf der Terrasse mit Blick auf Saint-Lunaire (Mo geschlossen, in der Vor- und Nachsaison auch Di).

101 Das Grab Chateaubriands

Letzte Ruhe in traumhafter Lage

In Deutschland kennt man eher das nach ihm benannte zarte Filetstück als den Dichter selbst. In französischen Schulen gehört François-René de Chateaubriand (1768–1848) zum obligatorischen Unterrichtsstoff. Sein Hauptwerk »Memoires d'outre-tombe« (Erinnerungen von jenseits des Grabes), dessen Veröffentlichung er sich erst nach seinem Tod wünschte, umfasst 2.000 eng bedruckte Seiten und ist in deutschen Ausgaben bisher stets nur auszugsweise erschienen. Der Mann, der so viel schrieb, wollte auf seinem Grabstein keine Inschrift haben, nicht einmal den Namen, auch nicht die Lebensdaten. Sein Grab wünsche er sich in seiner Geburtsstadt Saint-Malo, und zwar auf der vorgelagerten Insel Grand Bé, er wolle nur noch das Meer und den Wind hören, ließ er den Stadtrat wissen. Dieser lehnte erst ab, willigte dann aber doch ein.

Zum Inselchen fährt kein Schiff, man muss die Ebbe abwarten. Dann kann man die ummauerte Altstadt an der Porte des Bés verlassen und den Strand trockenen Fußes überqueren. Der Spaziergang am Meerwasserschwimmbad vorbei ist kurz, und bald steht man vor der letzten Ruhestätte des Dichters: eine grobe Steinplatte und ein robustes Kreuz, einziger Schmuck sind die zahllosen Steinchen und Müschelchen, die Besucher niedergelegt haben.

Bei der Bombardierung Saint-Malos 1944 beschädigte eine Granate den Grabstein sowie den im neugotischen Stil der damaligen Zeit errichteten Eisenzaun rund um das Grab. Bei der Wiederinstandsetzung wurden die exakt formulierten Wünsche Chateaubriands besser beherzigt als im 19. Jahrhundert: eine schmucklose niedere Umzäunung zu drei Seiten. Auf der vierten Seite fällt der Felsen so jäh ins Meer ab, dass kein Zaun nötig ist. So kann der zeitlebens von Schwermut geplagte Dichter seinen Dialog mit dem Meer uneingeschränkt bis in alle Ewigkeit fortsetzen.

Adresse Île du Grand Bé, 35400 Saint-Malo | Anfahrt an der Nordküste, über die N 176 erreichbar | Tipp Der Spaziergang auf dem Stadtwall rund um die Ville close ist aufregend schön.

102 Der Schiffsfriedhof

Kunst gegen den Zahn der Zeit

Rund 50 Schiffsfriedhöfe gibt es in der Bretagne, meistens eine Ansammlung kaputter Kähne, die nicht weiter beachtet werden. Anders präsentiert sich der »cimetière de bateaux« im Ortsteil Quelmer von Saint-Malo. Bekannte bretonische Graffiti-Künstler haben Farbe in das morbide Ambiente gebracht. Statt graue Betonmauern fanden sie hier Schiffsruinen, denen sie mit Pinsel und Sprühdose zu Leibe rückten, als Unterlage für ihre Kunstwerke. Oft sind die einst stolzen Kutter aus den Anfängen des 20. Jahrhunderts nur noch Holzskelette, die in der Flut schaukeln oder bei Ebbe schief im Sand feststecken. Mit ihrer bunten Bemalung entzücken sie die Betrachter. Hier versucht ein Sklave aus einem morschen Kahn auszubrechen, dort strahlt eine schlafende Schönheit Ruhe aus.

Schrottplatz oder Open-Air-Museum? Die Frage gewann an Brisanz, nachdem 2015 ein neuer Besitzer die stillgelegte Werft neben dem Schiffsfriedhof übernommen und renoviert hatte. Er habe zwei Jahre lang aufräumen müssen, schimpfte er: bleihaltige Farbe, ausgelaufenes Motoröl, Asbest und anderes mehr, das der Umwelt nicht bekommt. Man könne die ausgedienten Schiffe nicht einfach dem Zahn der Zeit überlassen, die Besitzer seien für die Entsorgung verantwortlich, entschieden die zuständigen Behörden und versprachen Abhilfe. Dann intervenierte ein Verein zur Erforschung der maritimen Archäologie, es handle sich hier um Zeugnisse früherer Schiffsbautechnik und der Schifffahrt auf der Rance. Auch das regionale Kulturamt meldete sich zu Wort, schließlich ist hier Kunst entstanden.

Ein salomonisches Urteil beendete die jahrelange Debatte: Besonders unansehnliche »Kadaver« wurden entfernt, etwas mehr als ein Dutzend belassen und das Gelände gesäubert, sodass Strandgänger frei zwischen den bemalten Wracks spazieren können. Erst den Gezeitenkalender studieren, dann bei Ebbe hinfahren – Stiefel können nützlich sein.

Adresse 85, rue de la Passagère, 35400 Saint-Malo | Anfahrt Saint-Malo in Richtung Dinard verlassen, nach circa 4 Kilometern über die Ortsteile Goëléterie und Quelmer bis zur Rance-Küste | Tipp Das Grand Aquarium am Ortsrand von Saint-Servan (gut ausgeschildert) ist Saint-Malos größte touristische Attraktion.

103 Die skulptierten Felsen

Wenn der Pfarrer zum Hammer greift

Die über 200 Skulpturen in den Felsen werden sich wohl nie gänzlich ausdeuten lassen. Zudem läuft den Interpreten die Zeit davon, das Meerwasser nagt am granitenen Bilderteppich, ein Teil ist bereits unwiederbringlich verloren. Rettungsversuche stecken seit Jahren im Planungsstadium.

Urheber der in Granit gehauenen Kunst ist Adolphe-Julien Fouéré (1839–1910), der sich selbst zu »Abbé Fouré« abkürzte. Nachdem er sich als Pfarrer von Langouët mit den dortigen Dorfoberen angelegt hatte, wurde er 1894 diskret nach Rothéneuf abgeschoben. Als offizieller Grund wurde seine Schwerhörigkeit angegeben, woraus später die Legende vom taubstummen Pfarrer entstand. In Rothéneuf war der geschasste Pfarrer kaum mehr als ein Ministrant, er half gelegentlich am Sonntag aus. Zeit hatte er also genug, und bald sah man ihn täglich in seiner Soutane, mit Hammer und Meißel bewaffnet, zum Meer wandern. Oft fand er am Morgen von Kindern zerstört, was er am Vortag mühsam aus dem Felsen gehauen hatte, aber er hatte den längeren Atem. So entstand in rund 13 Jahren seine wunderliche Galerie. Den Ruhm durfte er noch erleben. Besucher kamen, und schon bald stellte der Abbé eine Blechdose hin; die Einnahmen gingen an die Armen. Die skulptierten Felsen waren auf Postkarten zu sehen, die er gern mit seinem Autogramm versah. Abbé Fouré hatte seine Geschöpfe bemalt, aber farbige Postkarten gab es damals noch nicht.

Die Motive sind vielfältig, viele wohl auch zufällig. Man muss sich vorstellen, dass der Abbé einen Felsen so lange anstarrte, bis ihn dessen Form inspirierte. Es entstanden Ungeheuer und Korsaren, ein Figurengedränge, in dem der Künstler auch Zeitgenossen unterbrachte. Ein Mann zieht eine Frau an den Haaren und versetzt ihr einen Tritt in den Hintern – ein moralischer Appell? Der bildhauernde Abbé war von Obsessionen getrieben, über die der Betrachter nur spekulieren kann.

Adresse Chemin des Rochers Sculptés, 35400 Saint-Malo | Anfahrt 4 Kilometer östlich des Zentrums von Saint-Malo an der Küstenstraße, über die D 201 erreichbar | Öffnungszeiten Feb.–Juni und Sept. 10–12 und 14–17.30 Uhr, Juli, Aug. 9–19 Uhr | Tipp Im Süden von Rothéneuf steht das Manoir Jacques Cartier, das dem Entdecker Kanadas gewidmet ist.

104__Die Gezeitenmühle

… und wem gehört das Wasser?

Rund ein Dutzend Gezeitenmühlen arbeiteten einst an der Rance. Einige sind heute nur noch Ruinen, andere verrotten zusehends, wieder andere wurden zur Zweitwohnung umgebaut. Die Gezeitenmühle von Beauchet steht noch da wie zu den Zeiten, als sie noch in Betrieb war. Eine Passerelle führt zur doppelstöckigen Mühle am Teich, im Inneren ist noch die ganze Maschinerie erhalten (derzeit nicht zu besichtigen). Auch der Damm steht noch da, der das von der Flut gebrachte Wasser zurückhält. Das Bild ist perfekt.

Urkundlich beglaubigt ist eine erste Mühle an dieser Stelle aus dem Jahr 1542, eine Holzkonstruktion, die im 19. Jahrhundert abbrannte und durch den heutigen Bau ersetzt wurde. In den 1930er Jahren wurde das durch den Gezeitenunterschied angetriebene, einfache Wasserrad durch drei Turbinen ersetzt, die später elektrisch betrieben wurden. Während des Baus des großen Gezeitenkraftwerks an der Rance-Mündung zwischen Saint-Malo und Dinard von 1961 bis 1966 war auf eine regelmäßige Flutung bei der alten Mühle ohnehin kein Verlass mehr. 1980 wurde der Betrieb endgültig eingestellt.

Bereits 1969 hatte der letzte Müller den Teich und einen Teil des Damms an den benachbarten Fischzüchter verkauft. Für seine elektrisch betriebene Mühle brauchte er schließlich kein Wasser mehr. Der Käufer befestigte den Damm neu, glücklich wurde er allerdings nicht mit dem erworbenen Gelände. 2009 dekretierte der Staat, dass dieses als Teil des Meeres öffentliches Gebiet sei. Der Fischzüchter, der die Anlage seinem Sohn vererbt hatte, starb 2016. Der Sohn, der sich um sein Erbe geprellt sah, wurde 2018 aufgrund eines gerichtlichen Urteils finanziell entschädigt. Die vom Wasser betriebene Getreidemühle ist längst passé, und auch die Fischzucht wurde aufgegeben. Der Teich gehört heute den Zugvögeln und anderem Gefieder, das sich ungeachtet der Besitzverhältnisse fröhlich in ihm tummelt.

Adresse 7, Chemin de la Basse Gastine, 35430 Saint-Père-Marc-en-Poulet | **Anfahrt** an der Rance, 11 Kilometer südöstlich von Saint-Malo, über die D 137 erreichbar | **Tipp** Spaziert man durch das benachbarte Saint-Suliac, erlebt man einen äußerst romantischen Ort.

105 Die Ferme de Kerguelen

Ein Blick ins Herz der Artischocke

Neun von zehn französischen Artischocken wachsen in der Bretagne und dort vor allem im »Goldenen Gürtel«, der sich von Saint-Pol-de-Léon nach Westen zieht. Artischocken fördern die Verdauung und senken den Cholesterinspiegel. Dass sie auch als Aphrodisiakum taugen, gehört eher in den Bereich des Wunschdenkens. Immerhin bedeutet die französische Redewendung *»avoir un cœur d'artichaut«* (ein Artischockenherz haben) so viel wie »sich oft und schnell verlieben«. Das alles und vieles mehr erfährt man in der Ferme de Kerguelen.

Joseph Guivarc'h ist auf dem Bauernhof, den er von seinem Vater erbte, aufgewachsen. Nachdem er den Hof mitsamt 13 Hektar Land übernommen hatte, stellte er radikal auf biologische Produktion um: kein chemischer Dünger, keine synthetischen Pestizide, keine gentechnischen Eingriffe. Produziert werden neben Artischocken auch Brokkoli, Grünkohl, Blumenkohl und Roscoff-Zwiebeln – Letztere haben seit 2009 ein AOC-Label, eine geschützte Herkunftsbezeichnung.

Als zertifizierter Biobauer könnte Joseph Guivarc'h sich darauf beschränken, biologisches Gemüse zu verkaufen, doch er will mehr. Zusammen mit seiner Frau Michèle François stellte er das »Légumes Project« auf die Beine, das die beiden als »Schaufenster der biologischen Landwirtschaft in der Bretagne« bezeichnen. Anhand von Schautafeln wird die Wichtigkeit der Biodiversität erklärt. Welche Rolle spielen Bodenbeschaffenheit und Käfer? Wieso gedeiht die sonst im mediterranen Raum heimische Artischocke in der Bretagne so gut? Warum ist ein Gemüse grün, rot oder gelb? Das Projekt richtet sich in erster Linie an Schulklassen, aber auch interessierte Individualreisende sind gern gesehen.

Es war übrigens Katharina de' Medici, die die Artischocke in Frankreich einführte, als sie 1533 mit dem künftigen französischen König verheiratet wurde. Vielleicht hatte sie von der aphrodisierenden Wirkung des Gemüses gehört.

Adresse Kerguelen, 29250 Saint-Pol-de-Léon | Anfahrt an der Nordküste, direkt vor Roscoff | Öffnungszeiten Führungen nach Voranmeldung, siehe www.legumes-project.com | Tipp Dans la Grand'Rue im Zentrum von Saint-Pol-de-Léon ist ein pfiffiges Lokal mit guter Küche (So ganztags, Mi abends geschlossen).

106 Die Saboterie de Léon

Vom Baumstamm zum Holzschuh

Der »Sabot« ist auch in anderen französischen Regionen bekannt, besonders häufig aber wird der Holzschuh mit dem bretonischen Landleben assoziiert. Er taucht gelegentlich noch – heute ist man da vorsichtiger geworden – in Karikaturen auf, die sich über den etwas tumben bretonischen Bauern mokieren, der dieses klobige, unbequeme Schuhwerk trägt. Das Klischee taugt so viel wie das vom deutschen Michel mit der Zipfelmütze, und was das angeblich Unbequeme der Sabots anbelangt, so kann man bei Sabotier Mickaël Toudic – im Departement Finistère der letzte seiner Zunft – die Probe aufs Exempel machen. Insbesondere Gartenarbeiter schätzen heute den Sabot.

Draußen vor dem Haus liegen mehrere Meter lange Baumstämme, frisches saftiges Buchenholz, eingekauft beim staatlichen Forstministerium; drinnen im Verkaufsshop stapeln sich in den Regalen die Sabots. Der Transformationsprozess vom Rohmaterial zum Endprodukt beginnt mit der Zerkleinerung des Baumstamms zu Holzscheiten, aus denen dann in der Werkstatt mit speziellen, museal anmutenden Maschinen grobe Schuhe – Größen von 35 bis 46 – modelliert werden. Überflüssiges wird mit der Feile entfernt. Anschließend werden die Schuhe für sechs Stunden in einer mit Holzspänen (Recycling der Abfälle) beheizten Räucherkammer getrocknet, beziehungsweise es wird dem Holz der letzte Saft entzogen. Ein Lederband wird auf die Oberseite getackert, innen ein kleines Lederfutter geklebt, um den Rist zu schonen, unten eine Gummisohle mit Profil angebracht, und fertig ist der Sabot. Farbe, Lack und Dekor sind Zugaben nach Wunsch.

Wo dem Baumstamm Äste entsprossen sind, werden am Sabot Astaugen sichtbar, für viele Kunden ein Makel. Doch weggeworfen wird bei Mickaël Toudic nichts. Stattdessen zeigt er im Shop, wozu ein Sabot mit Augen noch gut sein kann: als Futterkasten für Vögel, Kugelschreiberhalter, Blumenkistchen oder Smartphone-Ständer.

Adresse Place de l'Évêché, 29250 Saint-Pol-de-Léon | Anfahrt von Morlaix 14 Kilometer auf der D58 in Richtung Roscoff, dann in die D769 abzweigen | Öffnungszeiten Di–Fr 9–18 Uhr, Sa 10–16 Uhr | Tipp Die Kapelle Notre-Dame-du-Kreisker besitzt mit 78 Metern Höhen den höchsten Kirchturm der Bretagne. Im Juli und August kann er bestiegen werden, 169 Stufen bis zur Balustrade.

107 Die Gedenktafel

Hommage an die erste bretonische Partisanengruppe

Die Dörfer der Montagnes Noires waren ein Zentrum des Widerstands gegen die deutschen Besatzer. Dem »Maquis de Spézet-Saint-Goazec«, später auch »2. Bataillon von Stalingrad« genannt, kommt in der Geschichtsschreibung die Ehre zu, die erste Partisanengruppe der Bretagne gewesen zu sein. Gegründet im April 1943 in Saint-Goazec, schlossen sich ihr bald acht junge Kommunisten aus Pont-l'Abbé an, später Männer aus Camaret, die den Untergrund einer Zwangsarbeit für die Deutschen vorzogen, sowie zwei Tschechen, die aus der deutschen Armee desertiert waren.

Die meist jungen Widerstandskämpfer operierten äußerst beweglich, versteckten sich im Wald oder fanden Unterschlupf bei der Bevölkerung. Ihre Aktionen waren eher unkoordiniert: gelegentlich ein Überfall auf vereinzelte deutsche Soldaten, um an Waffen zu kommen, Sabotage von elektrischen Leitungen, Bestrafung, in einigen Fällen auch Hinrichtung von Kollaborateuren und Spionen. Bauern, die ihnen die Unterstützung versagten, riskierten, dass ihr Hof in Brand gesteckt wurde. Die allgemeine Verunsicherungsstrategie galt aber in erster Linie den Deutschen, die die Größe der Partisanengruppe gewaltig überschätzten und zeitweise mit bis zu 500 Soldaten nach den kaum zwei Dutzend Widerständlern suchten.

Später wuchs die Gruppe, zerfiel aber bald in einen kommunistischen Flügel, der Attacken gegen die Zivilbevölkerung ablehnte, und die sogenannten »Unkontrollierten«. Zudem stieg die Zahl der von den Deutschen aufgespürten und hingerichteten Partisanen. Am 21. Juni 1944 wurde eine Gruppe von elf Personen, zehn davon aus Spézet, verhaftet, die drei Tage später im nahen Lanvénégen erschossen wurden. Bald darauf erreichten alliierte Fallschirmspringer, unterstützt von de Gaulles »Freien Französischen Streitkräften«, die Gegend. Den elf Ermordeten zu Ehren wurde 1994 eine Gedenktafel an der Friedhofsmauer von Spézet angebracht.

Adresse Ruelle de la Fontaine, 29540 Spézet | Anfahrt circa 40 Kilometer nordöstlich von Quimper, auf der D 15 bis Roudouallec, dann links abzweigen | Tipp Die Kapelle Notre-Dame-du-Crann im Südwesten des Orts ist berühmt für ihre Glasfenster aus dem 16. Jahrhundert. Ganz in der Nähe befindet sich ein alter, eingefasster Brunnen.

108 Das Coper Marine

Nicht nur bei Sauwetter eine nützliche Adresse

In der richtigen Bekleidung weit draußen im Ozean dem Sauwetter trotzen, stoisch den Regen an einer Wachsjacke abperlen lassen, in rutschfesten Neoprenstiefeln auf seiner Jolle stehen oder auch nur seine alte Angelrute gegen ein neues, ultraleichtes Modell austauschen – Coper Marine ist in all diesen Fällen die passende Adresse. In einer ehemaligen Gezeitenmühle am Ufer des Jaudy präsentiert und verkauft das 1972 gegründete Unternehmen auf drei Etagen Artikel, die für das marine Leben unabdingbar sind oder es erträglicher machen – eine Anlaufstelle für Berufsfischer wie Hobbysegler.

Angesichts der unüberschaubaren Masse an Artikeln, mit denen das Haus von unten bis oben vollgestopft ist, ist Coper Marine eine wahre Räuberhöhle beziehungsweise Seeräuberhöhle. Im Erdgeschoss findet der Seemann alles, was er für den Alltag oder für den Notfall brauchen kann. Nützliches Werkzeug, um den Kahn wieder flottzumachen, Taue, Seile und Seilwinden, Rettungsringe und Schwimmwesten, Ferngläser und Gezeitenmesser, Fischereibedarf, Messer aller Art vom klassischen Opinel bis zum mehrteiligen Taschenmesser, vom professionellen Filetier- bis zum Austernmesser – eine wahre Fundgrube.

Für alle, die sich auch zu Hause ein Outfit geben wollen, als stünden sie mitten im marinen Leben, ist die Modeabteilung in den oberen Etagen zuständig: viel blau-weiß Gestreiftes vom T-Shirt bis zum warmen Pullover, schicke, dicke Blazer, Dufflecoats, Kapitänsmützen und mehr. Hublot, Le Glazic und Saint James sind hier die einschlägigen Marken mit »Made in France«-Label. Man sieht Touristen zwischen den Kleiderständern schlendern, mit den Händen die Stoffqualität prüfend und im Kopf über den Preis nachdenkend. Einige haben vielleicht auch nur das bretonische Klima falsch eingeschätzt und decken sich hier mit warmer Kleidung ein, die hinterher auch ein schönes Souvenir ihrer Bretagnereise ist.

Adresse 7, Rue de Traou Meur, 22220 Trédarzec | Anfahrt an der D 786, 13 Kilometer westlich von Paimpol, Coper Marine direkt vor der Brücke über den Jaudy | Öffnungszeiten Mo – Sa 9 – 12.30 und 14 – 18.30 Uhr | Tipp Knapp zwei Kilometer nördlich befinden sich die Gärten von Kerdalo, in denen man englische Gartenkunst bewundern kann (April – Sept. Di – Sa 15 – 19 Uhr).

109 Die Statue Ernest Renans

Der Ketzer vor der Kathedrale

Der beleibte Mann, der beschützt von Athene, der Göttin der Weisheit, in ruhiger Haltung posiert, saß in seinem Leben oft weniger bequem, nämlich zwischen allen Stühlen. 1823 als Sohn einer Fischerfamilie in Tréguier geboren, schien Ernest Renan aufgrund seiner schulischen Erfolge für die Priesterlaufbahn bestimmt, aber Athene hatte anderes mit ihm vor. Statt Priester wurde er Religionswissenschaftler, Historiker, Orientalist und Philosoph. Mit 40 Jahren veröffentlichte Renan sein Buch »Das Leben Jesu«, in dem er die Gestalt Jesu entmythologisierte und in einen historischen Kontext setzte. Das Werk wurde in kürzester Zeit zum Bestseller. In philosophisch-naturwissenschaftlichen Kreisen war man ebenso begeistert, wie man in kirchlichen Kreisen empört war. Selbst als Renan schon längst als berühmter Autor und anerkannter Wissenschaftler in der prestigereichen Académie francaise einsaß, galt er in seiner Geburtsstadt immer noch als Ketzer. Als über zehn Jahre nach seinem Tod sein Denkmal auf dem Platz vor der Kathedrale enthüllt wurde, kam es zu Tumulten.

Heute ist Renan bei Historikern vor allem für seine Rede »Was ist eine Nation?« bekannt, die man im Kontext des Deutsch-Französischen Krieges 1870/71 sehen muss. Renan schätzte zeitlebens Goethe und Herder, in Frankreich galt er deshalb oft als deutschfreundlich. Einem unter der Fuchtel Bismarcks zusammengezimmerten Deutschland unter preußischer Vorherrschaft konnte der Wissenschaftler allerdings nichts abgewinnen und zerstritt sich mit seinen deutschen Philosophenfreunden, die sich in den nationalistischen Strudel reißen ließen. In seiner berühmten Rede zerpflückt Renan nicht nur den Begriff der Nation, er prophezeit sogar deren Ende: »Die Nationen sind nichts Ewiges. Sie haben einmal angefangen, sie werden enden. Die europäische Konföderation wird sie wahrscheinlich ablösen.« Gesprochen 1882 an der Sorbonne.

Adresse Place du Martray, 22220 Tréguier | Anfahrt an der Nordküste zwischen Paimpol und Lannion | Tipp Mehr über Ernest Renan erfahren Sie im Musée Ernest Renan (April – Sept. Mi – So 10.30 – 13 und 14 – 18 Uhr).

110 Die Porte Saint-Vincent

Der erhobene Zeigefinger

Im 17. Jahrhundert wurde die Porte Saint-Vincent in die Mauer eingebaut, sie sollte, über eine Brücke erreichbar, den direkten Zugang vom Hafen in die Stadt ermöglichen. Doch das Meerwasser, das die Gezeiten in den Stadtgraben spülten, bekam dem Tor auf die Dauer nicht, 1747 wurde es durch den heutigen Bau ersetzt. Im 19. Jahrhundert schüttete man den Graben zu, die halbrunde Place Gambetta entstand.

Über dem Tordurchgang thront das von zwei Windhunden gestützte Stadtwappen: ein Hermelin mit der bretonischen Flagge als wehende Krawatte. Eine Etage höher steht in einer Nische Vincent Ferrier, der Stadtpatron. Sein erhobener Zeigefinger beruhigt die Einwohner. Würde er ihn senken, so der Volksmund, stünde eine Überschwemmung bevor.

Der 1350 im spanischen Valencia geborene Theologe und Dominikaner Vincent Ferrier war als begnadeter Redner bekannt, zu seinen meist stundenlangen Predigten strömten die Massen zusammen. Er verkündete in halb Europa, was er für den richtigen Glauben hielt. Umstritten ist seine Position zu den damals nicht nur in Spanien verfolgten Juden. Er fand, man solle sie nicht mit dem Messer bekämpfen, sondern mit der Bibel überzeugen. Er soll Tausende von Juden bekehrt haben. Andere Quellen machen ihn wiederum für brennende Synagogen verantwortlich. Schriftlich überliefert ist eine Predigt, in der er den »gelben Ring« befürwortet, einen Ring aus Stoff, den sich im Mittelalter Juden an die Brust heften mussten, damit sie als solche erkennbar waren – ein historischer Vorläufer des Judensterns der Nazis.

Als Vincent Ferrier im März 1418 in Vannes eintraf, wurde er von einer frenetischen Menge empfangen, auch die gesammelte weltliche und geistige Elite fand sich ein. Ein Jahr später starb er in Vannes. 1455 wurde er heiliggesprochen, und Vannes erklärte ihn zum Stadtpatron. Der Heilige dankt es der Stadt: Den Zeigefinger hat er noch nicht gesenkt.

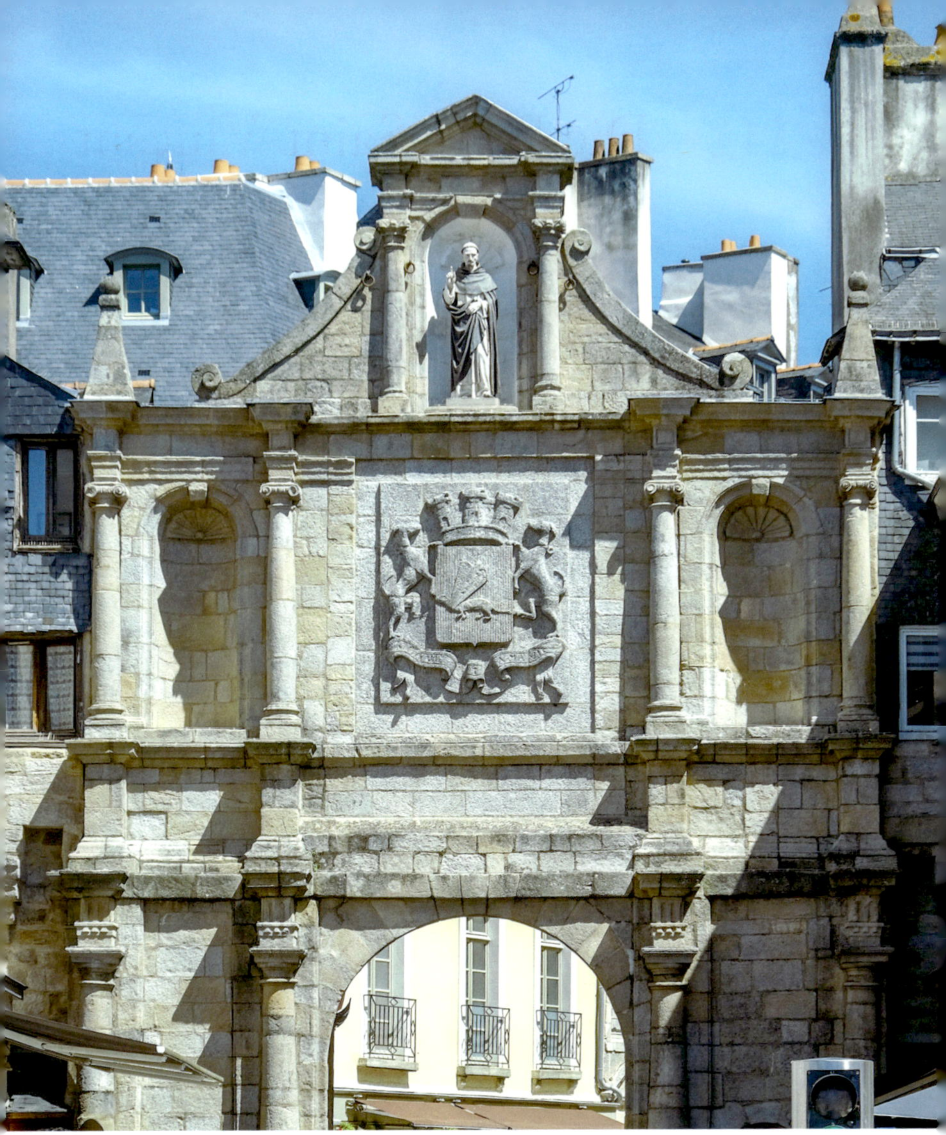

Adresse Place Gambetta, 56000 Vannes | **Anfahrt** an der Südküste, über die N 165 | **Tipp** Nur 15 Minuten dauert die Überfahrt auf die kleine Île d'Arz, und schon ist man in einer anderen Welt.

111 Der Bahnhof

Als Bahnhöfe noch mehr waren als Railway Stations

Die zeitgenössische Bahnhofsarchitektur ist funktional: Was braucht der Reisende? In einer Kleinstadt wie Vitré würde man heute vermutlich eine Art Standard-«Railway Station« hinstellen: Fahrkartenautomat, minimale Verpflegungsstation, Kiosk und gefahrloser Zugang zu den Gleisen. Im 19. Jahrhundert, als die Eisenbahn als neues Transportmittel gefeiert wurde, hatte der Bahnhof auch eine repräsentative Funktion. Man zeigte mit Stolz, dass man an die große, weite Welt angeschlossen war. Entsprechend war der Bahnhof nicht einfach ein Zweck-, sondern auch ein Prunkbau.

Im ersten Gesetz über ein französisches Eisenbahnnetz von 1842 wurde die Bretagne großzügig übersehen. 1851 dann – offenbar war man sich inzwischen der Bedeutung der bretonischen Landwirtschaft für die Ernährung der Pariser Bevölkerung bewusst geworden – entschied man sich für eine Strecke von Versailles nach Rennes. Nach einigem Hin und Her wurde beschlossen, diese über Vitré zu führen, was im Städtchen eine Diskussion über den Standort des Bahnhofs auslöste – außerhalb oder im Zentrum? Die Verantwortlichen entschieden sich für den Platz des Viehmarkts. Mit dem Bau wurde Victor Lenoir beauftragt, der als Referenz den Bahnhof Paris-Montparnasse (den zweiten, der heutige ist bereits der dritte) vorweisen konnte. Lenoir konzipierte ein neogotisches Schlösschen mit Lukarnen und Türmchen – eine verspielte Antwort auf das mittelalterliche Schloss gegenüber. Der von Ziegelsteinen unterbrochene lokale Kalkstein wiederum harmoniert mit den Gebäuden der Altstadt.

1857 wurde der Bahnhof eingeweiht, ein Jahr später fuhr unter Hochrufen der Bevölkerung Napoleon III. mitsamt Kaiserin und kaiserlichem Prinzen im Bahnhof ein. Letzterer war gerade zwei Jahre alt und wird vor Freude gekräht haben. Jedenfalls bekam er ein Jahr später die weltweit erste dokumentarisch verbürgte Modelleisenbahnanlage geschenkt.

Adresse Place de la Gare, 35500 Vitré | **Anfahrt** circa 40 Kilometer östlich von Rennes, über die N 157 erreichbar | **Tipp** Die »Librairie vitréenne« direkt am Bahnhofsplatz ist eine hervorragende Buchhandlung, wie man sie heute nur noch selten findet. Auf zwei Etagen gibt es Bücher aller Sparten.

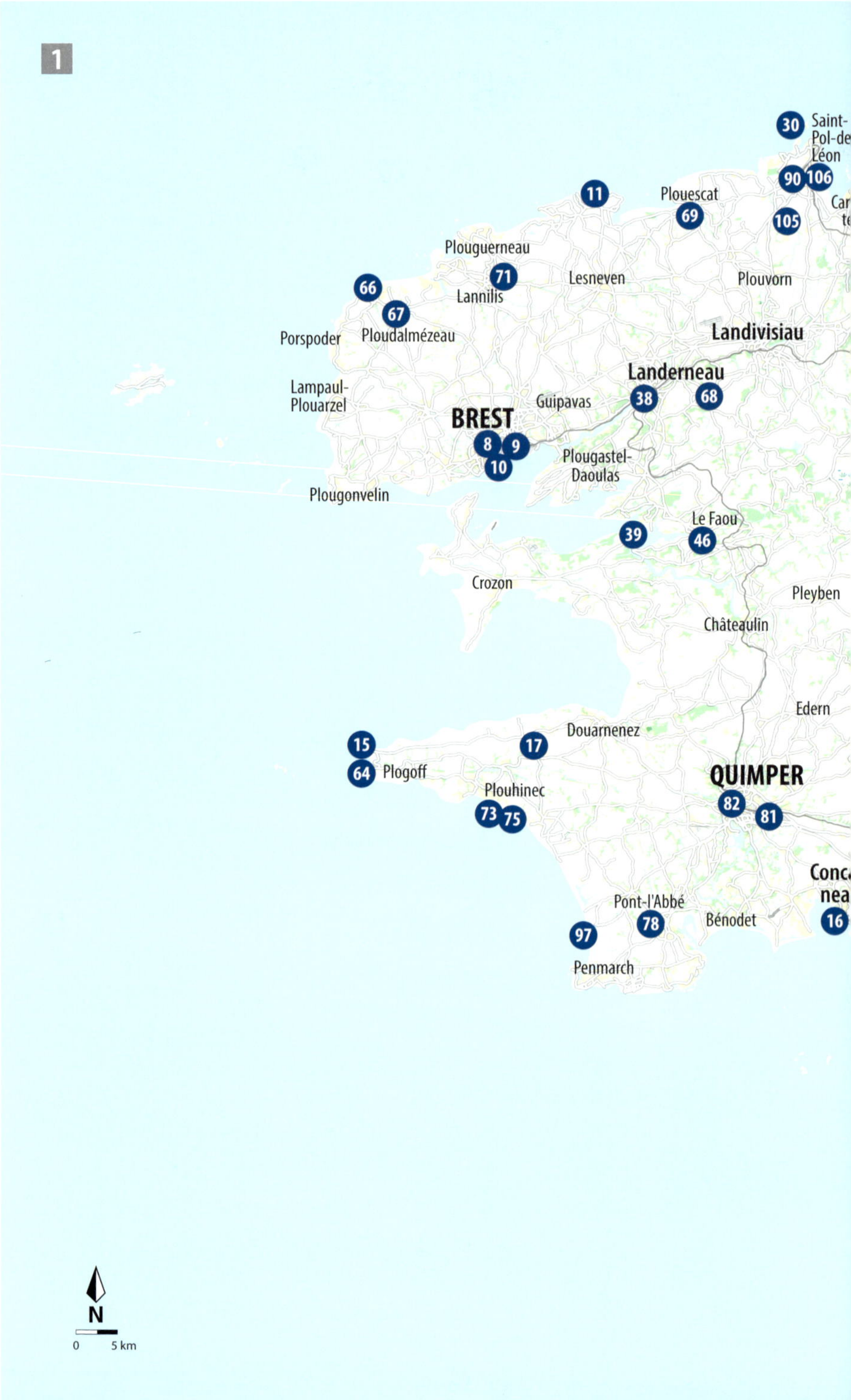

30 Saint-Pol-de-Léon
90
106
105
11
Plouescat
69
Plouguerneau
71
Lannilis
Lesneven
Plouvorn
66
67
Porspoder
Ploudalmézeau
Landivisiau
Landerneau
38
68
Lampaul-Plouarzel
BREST
Guipavas
8
9
10
Plougastel-Daoulas
Plougonvelin
Le Faou
39
46
Crozon
Pleyben
Châteaulin
Edern
15
64 Plogoff
17
Douarnenez
QUIMPER
82
81
Plouhinec
73
75
Pont-l'Abbé
78
Bénodet
97
Penmarch
16
N
0
5 km

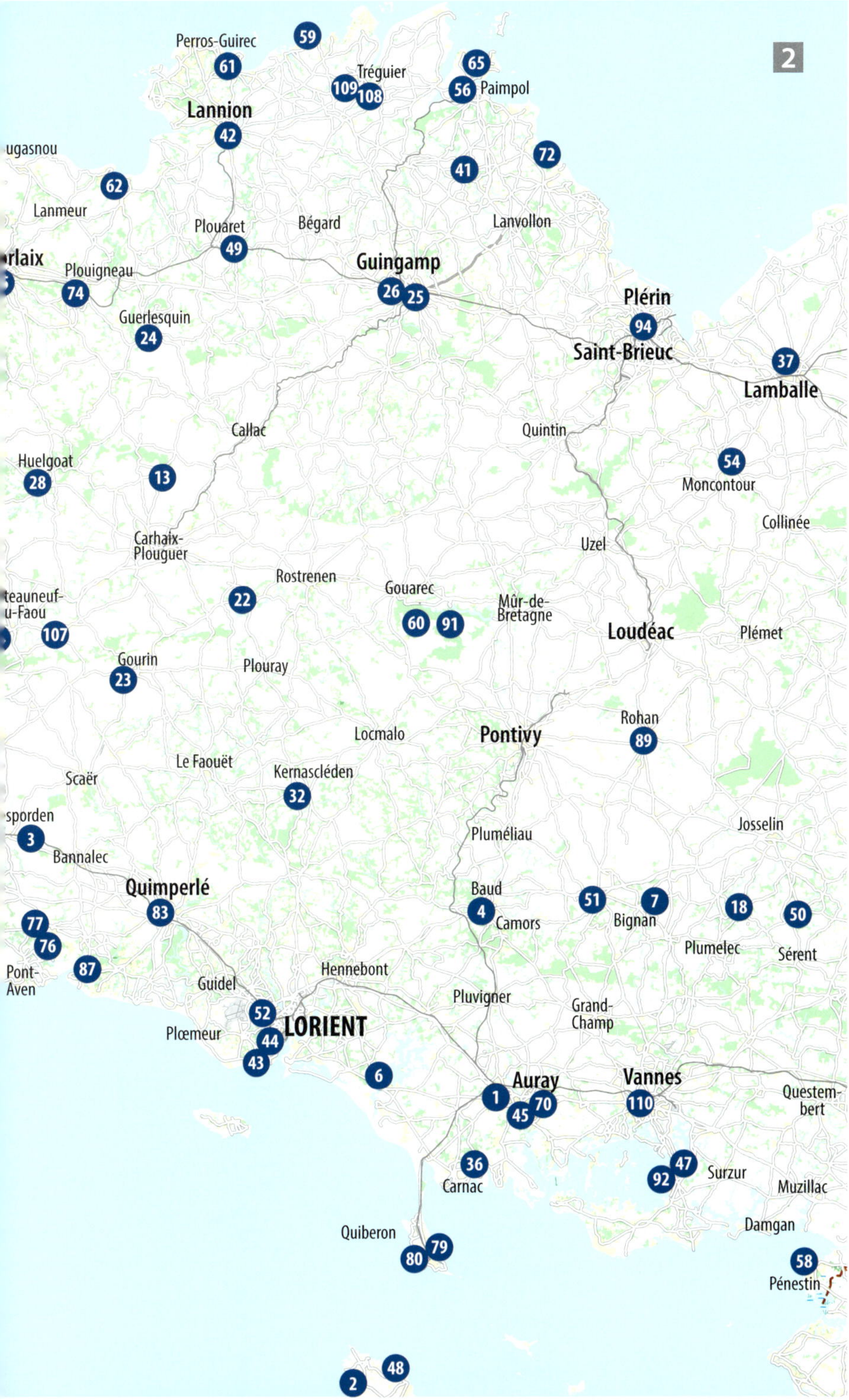

2
Perros-Guirec
Tréguier
Paimpol
Lannion
ugasnou
Lanmeur
Plouaret
Bégard
Lanvollon
rlaix
Plouigneau
Guingamp
Guerlesquin
Plérin
Saint-Brieuc
Lamballe
Callac
Quintin
Huelgoat
Moncontour
Collinée
Carhaix-Plouguer
Uzel
Rostrenen
Gouarec
teauneuf-u-Faou
Mûr-de-Bretagne
Loudéac
Plémet
Gourin
Plouray
Rohan
Locmalo
Pontivy
Le Faouët
Kernascléden
Scaër
sporden
Josselin
Pluméliau
Bannalec
Quimperlé
Baud
Camors
Bignan
Plumelec
Sérent
Pont-Aven
Hennebont
Guidel
Pluvigner
Grand-Champ
LORIENT
Plœmeur
Auray
Vannes
Questembert
Carnac
Surzur
Muzillac
Quiberon
Damgan
Pénestin
59
61
65
109
108
56
42
72
62
41
49
74
26
25
94
24
37
54
28
13
22
60
91
107
23
89
32
3
51
7
18
50
4
77
76
87
83
52
44
43
6
1
45
70
110
36
47
92
79
80
58
48
2

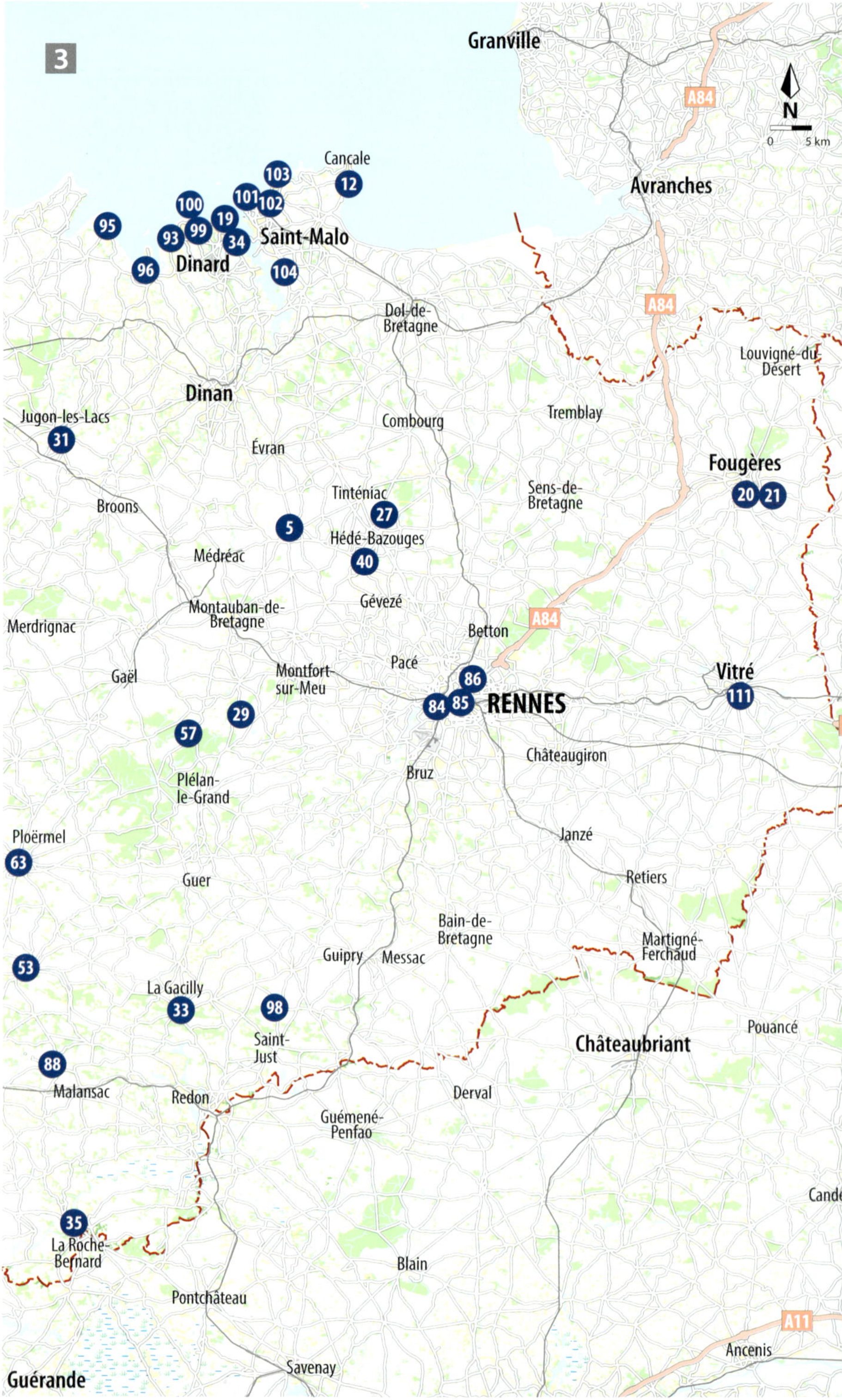

3
Granville
A84
N
0 5 km
Cancale
Avranches
Saint-Malo
Dinard
Dol-de-Bretagne
Louvigné-du-Désert
Dinan
Tremblay
Jugon-les-Lacs
Combourg
Évran
Fougères
Tinténiac
Sens-de-Bretagne
Broons
Hédé-Bazouges
Médréac
Gévezé
Montauban-de-Bretagne
Merdrignac
Betton
Pacé
Vitré
Gaël
Montfort-sur-Meu
RENNES
Châteaugiron
Bruz
Plélan-le-Grand
Ploërmel
Janzé
Guer
Retiers
Bain-de-Bretagne
Guipry
Messac
Martigné-Ferchaud
La Gacilly
Saint-Just
Pouancé
Châteaubriant
Malansac
Redon
Derval
Guémené-Penfao
La Roche-Bernard
Blain
Pontchâteau
A11
Ancenis
Savenay
Guérande

Jo Berlien, Sabina Paries
111 Orte in Straßburg, die man gesehen haben muss
ISBN 978-3-7408-0576-0

Evelyn Pschak von Rebay
111 Orte in den (französischen) Pyrenäen, die man gesehen haben muss
ISBN 978-3-7408-0562-3

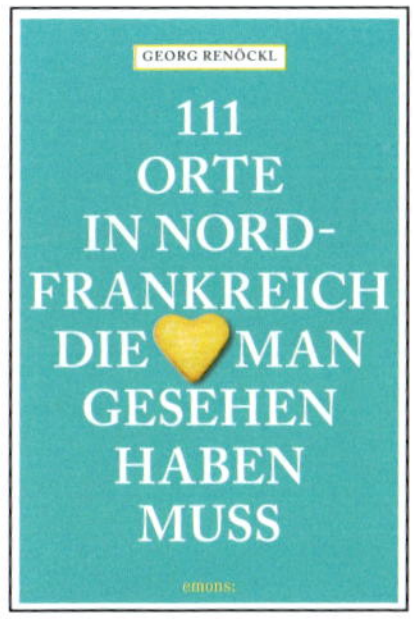

Georg Renöckl
111 Orte in Nordfrankreich, die man gesehen haben muss
ISBN 978-3-7408-0559-3

Sybil Canac, Renée Grimaud, Katia Thomas
111 Orte in Paris, die man gesehen haben muss
ISBN 978-3-95451-847-0

Ralf Nestmeyer
111 Orte in der Normandie, die man gesehen haben muss
ISBN 978-3-95451-839-5

Barbara Krull
111 Orte im Elsass, die man gesehen haben muss
ISBN 978-3-7408-2007-7

Ralf Nestmeyer
111 Orte an der Côte d'Azur, die man gesehen haben muss
ISBN 978-3-7408-2020-6

Ralf Nestmeyer
111 Orte in der Provence, die man gesehen haben muss
ISBN 978-3-7408-1960-6

Kirsten Lux, Lisa Graf-Riemann
111 Orte auf La Palma, die man gesehen haben muss
ISBN 978-3-7408-0345-2

Carl Lang, Sabine Kiesewein
111 Orte auf Fuerteventura, die man gesehen haben muss
ISBN 978-3-7408-1973-6

Sibylle von Kapff,
Gerhard von Kapff
111 Orte auf Teneriffa, die man gesehen haben muss
ISBN 978-3-95451-916-3

Dorothee Fleischmann,
Carolina Kalvelage
111 Orte an der Costa Brava, die man gesehen haben muss
ISBN 978-3-95451-561-5

Rolando Grumt Suárez
111 Orte in Barcelona, die man gesehen haben muss
ISBN 978-3-7408-0994-2

Rüdiger Liedtke
111 Orte auf Mallorca, die man gesehen haben muss
ISBN 978-3-7408-2239-2

Robert Zsolnay
111 Orte auf Ibiza und Formentera, die man gesehen haben muss
ISBN 978-3-7408-1979-8

Kathleen Becker
111 Orte in Lissabon, die man gesehen haben muss
ISBN 978-3-7408-0244-8

Catrin George Ponciano
111 Orte an der Algarve, die man gesehen haben muss
ISBN 978-3-7408-1837-1

Thomas Tribus
111 Orte in Meran, die man gesehen haben muss
ISBN 978-3-7408-1633-9

Max Fleschhut
111 Orte auf Elba, die man gesehen haben muss
ISBN 978-3-7408-0587-6

Franz Hlavac, Gisela Hopfmüller
111 Orte in Friaul und Julisch Venetien, die man gesehen haben muss
ISBN 978-3-7408-0575-3

Natalino Russo
111 Orte in Neapel, die man gesehen haben muss
ISBN 978-3-7408-0478-7

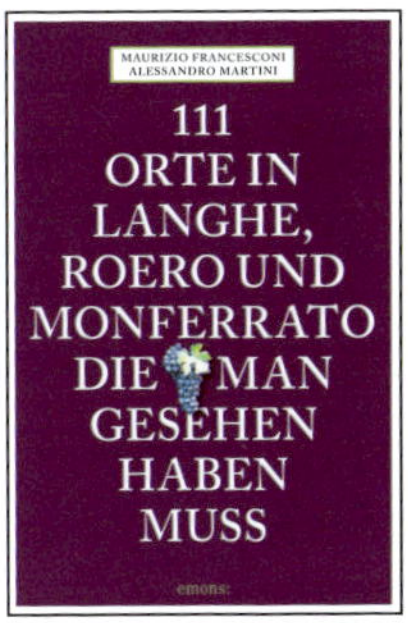

Maurizio Francesconi, Alessandro Martini
111 Orte in Langhe, Roero und Monferrato, die man gesehen haben muss
ISBN 978-3-7408-0474-9

Fabrizio Ardito
111 Orte in Umbrien, die man gesehen haben muss
ISBN 978-3-7408-0238-7

Beate Giacovelli, Gaetano Adragna
111 Orte am Comer See, die man gesehen haben muss
ISBN 978-3-7408-1201-0

Marx de Morais
111 Orte in Turin und im Piemont, die man gesehen haben muss
ISBN 978-3-95451-736-7

Giulia Castelli Gattinara, Mario Verin
111 Orte in Mailand, die man gesehen haben muss
ISBN 978-3-7408-0739-9

Beate C. Kirchner
111 Orte in Florenz und im Norden der Toskana, die man gesehen haben muss
ISBN 978-3-7408-1630-8

Anna Toscano, Gianni Montieri
111 Orte in Venedig, die man gesehen haben muss
ISBN 978-3-7408-1986-6

Annett Klingner
111 Orte in Rom, die man gesehen haben muss
978-3-7408-1628-5

Silvia Götschi
111 Orte in Nidwalden, die man gesehen haben muss
ISBN 978-3-7408-0566-1

Nina Kobelt, Silvia Schaub
111 Orte rund um den Säntis, die man gesehen haben muss
ISBN 978-3-7408-2041-1

Sonja Muhlert, Adrian Künzi
111 Orte in und um Biel/Bienne, die man gesehen haben muss
ISBN 978-3-7408-0340-7

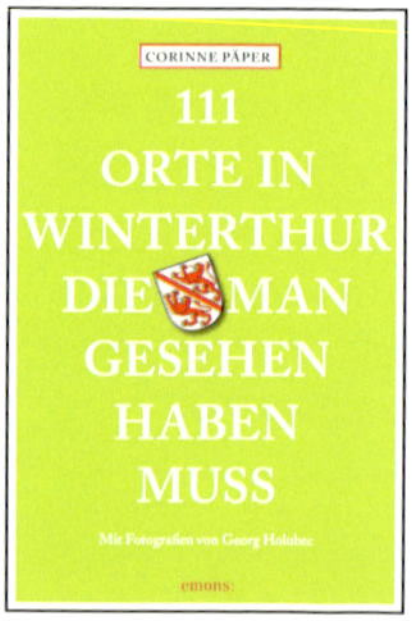

Corinne Päper, Georg Holubec
111 Orte in Winterthur, die man gesehen haben muss
ISBN 978-3-7408-2132-6

Regula Tanner
111 Orte im Berner Oberland, die man gesehen haben muss
ISBN 978-3-7408-2199-9

Barbara Saladin
111 Orte in Baselland, die man gesehen haben muss
ISBN 978-3-7408-0122-9

Silvia Götschi
111 Orte im Kanton Schwyz, die man gesehen haben muss
ISBN 978-3-7408-0116-8

Silvia Schaub
111 Orte im Engadin, die man gesehen haben muss
ISBN 978-3-7408-1999-6

Uwe Ramlow
111 Orte im Tessin, die man gesehen haben muss
ISBN 978-3-95451-840-1

Mercedes Korzeniowski-Kneule
111 Orte in Basel, die man gesehen haben muss
ISBN 978-3-95451-702-2

Oliver Zwahlen
111 Orte in Zürich, die man gesehen haben muss
ISBN 978-3-7408-1381-9

Cornelia Lohs
111 Orte in Bern, die man gesehen haben muss
ISBN 978-3-7408-2000-8

Ursula Kahi
111 Orte im Aargau, die man gesehen haben muss
ISBN 978-3-95451-537-0

Insa Hohmann,
Katharina Hohmann,
Fritz von Klinggräff
111 Orte am Lago Maggiore, die man gesehen haben muss
ISBN 978-3-7408-2118-0

Bruno Lehmann, Sabine Käch
111 Orte im Emmental, die man gesehen haben muss
ISBN 978-3-7408-1517-2

Nina Kobelt, Silvia Schaub
111 Orte in St. Gallen, die man gesehen haben muss
ISBN 978-3-7408-1447-2

Marcus X. Schmid, geboren 1950 in der Schweiz, wohnt in Môtiers, einem kleinen Ort im Neuenburger Jura. Er ist Autor mehrerer Reisebücher und Übersetzer.

Monika Steineberg ist Hobbyfotografin und lebt in Zürich. Sie liebt es in die Welt zu schauen und was sie sieht, weiterzugeben. Entscheidende Impulse für die Kunst des Fotografierens bekam sie vom Schweizer Fotografen Giorgio J. Wolfensberger (1945–2016). An der Bretagne liebt sie wie alle Maler und Fotografen das besondere Licht – und den Ozean, der sie zu ihrem zweiten Hobby einlädt: schwimmen.